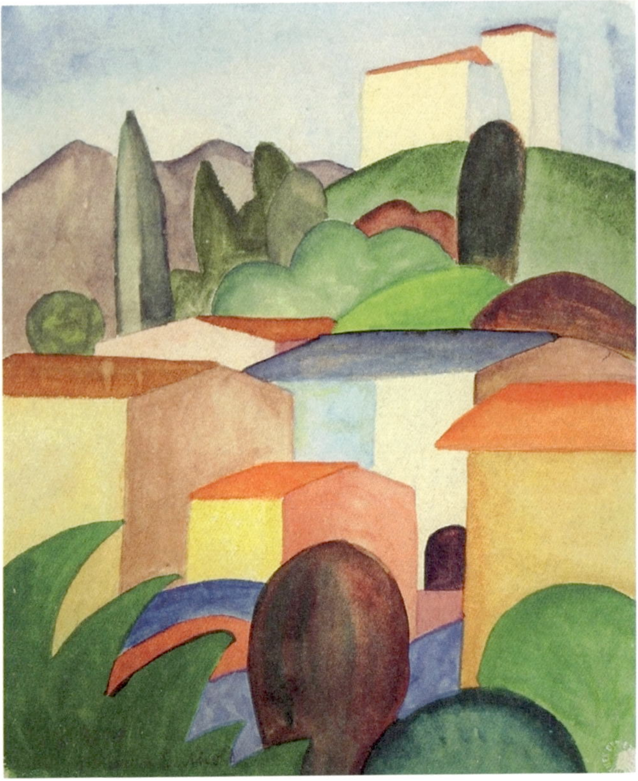

HERMANN HESSE

Magie der Farben

Aquarelle aus dem Tessin
Mit Betrachtungen und Gedichten
Zusammengestellt und mit einem Nachwort
von Volker Michels

INSEL VERLAG

Insel-Bücherei Nr. 1465

MAGIE DER FARBEN

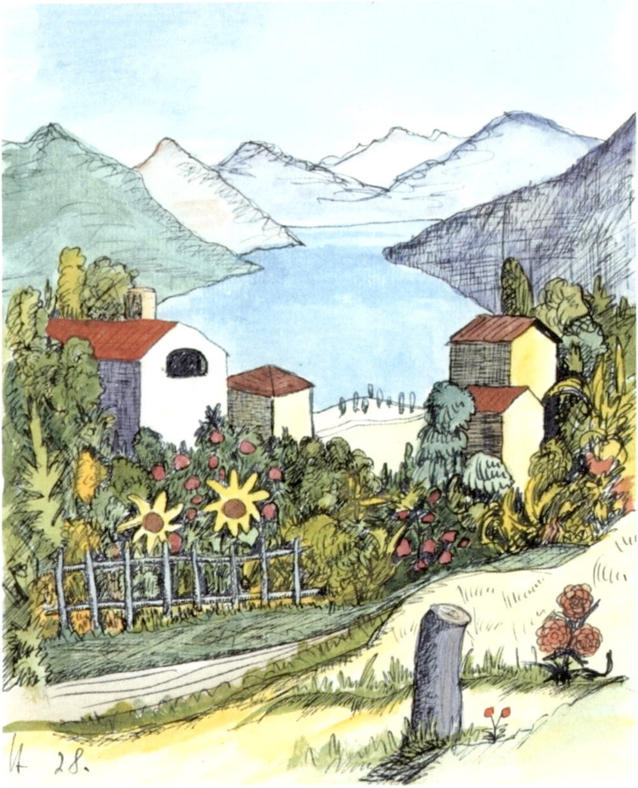
H 28.

MAGIE DER FARBEN

Gottes Atem hin und wider,
Himmel oben, Himmel unten,
Licht singt tausendfache Lieder,
Gott wird Welt im farbig Bunten.

Weiß zu Schwarz und Warm zum Kühlen
Fühlt sich immer neu gezogen,
Ewig aus chaotischem Wühlen
Klärt sich neu der Regenbogen.

So durch unsre Seele wandelt
Tausendfalt in Qual und Wonne
Gottes Licht, erschafft und handelt,
Und wir preisen ihn als Sonne.

WINTERBRIEF AUS DEM SÜDEN

Liebe Freunde in Berlin!

Ja, im Sommer war es hier anders. Da saßen die Landsleute, welche die eleganten Hotels von Lugano füllen, beklommen in den kleinen Schattenkreisen der Platanen am See und dachten bekümmert an Ostende, während unsereiner mit einem Stück Brot im Rucksack den herrlichen Sommer genoß. Und wie liefen damals die glühenden Tage weg, wie waren sie flüchtig und vergänglich!

Immerhin, auch jetzt noch gibt es Sonne hier, und auch jetzt noch sind wir bei ihr zu Gast. Ich schreibe diese Zeilen an einem der letzten Dezembertage, vormittags elf Uhr, im dürren Laub an einer windgeschützten Waldecke an die Sonne gestreckt. Das dauert so bis drei Uhr, auch vier Uhr, aber dann wird es kalt, die Berge hüllen sich in Lila, der Himmel wird so dünn und hell wie nur im Winter hier, und man friert elend, man muß Holz in den Kamin stekken und ist für den Rest des Tages an den Quadratmeter vor der Kaminöffnung gebannt. Man geht früh zu Bett und steht spät auf. Aber diese Mittagsstunden an sonnigen Tagen, die hat man doch, die gehören uns, da heizt die Sonne für uns, da liegen wir im Gras und Laub und hören dem winterlichen Rascheln zu, sehen an den nahen Bergen weiße Schneerinnen niederlaufen, und manchmal findet sich im Heidekraut und welken Kastanienlaub auch noch ein wenig Leben, eine kleine verschlafene Schlange, ein Igel. Auch liegen da und dort noch letzte Kastanien unter den Bäumen, die steckt man zu sich und legt sie am Abend ins Kaminfeuer.

Jenen Schiebern, die im Sommer so bekümmert an Ostende dachten, scheint es recht gut zu gehen. Das Blatt hat sich gewendet, jetzt sind sie obenauf. Ich hatte neulich Gelegenheit, mir das ein wenig anzusehen. Ich war in eines der großen Hotels zum Mittagstisch geladen.

Also ich kam in das große Hotel. Es war herrlich. Ich zog meinen besten Anzug an, meine Wirtin hatte mir schon tags zuvor das kleine Loch im Knie mit etwas blauer Wolle zugestochen. Ich sah gut aus und wurde tatsächlich vom Portier ohne Schwierigkeiten eingelassen. Durch gläserne lautlose Flügeltüren floß man sanft in eine riesige Halle wie in ein luxuriöses Aquarium, da standen tiefe, ernste Sessel aus Leder und aus Samt, und der ganze riesige Raum war geheizt, wohlig warm geheizt, man trat in eine Atmosphäre wie einst im Galle Face auf Ceylon. In den Sesseln da und dort saßen gutgekleidete Schieber mit ihren Gattinnen. Was taten sie? Sie hielten die europäische Kultur aufrecht. In der Tat, hier war sie noch vorhanden, diese zerstörte, vielbeweinte Kultur mit Klubsesseln, Importzigarren, unterwürfigen Kellnern, überheizten Räumen, Palmen, gebügelten Hosenfalten, Nackenscheiteln, sogar Monokeln. Alles war noch da, und vom Wiedersehen ergriffen wischte ich mir die Augen. Freundlich lächelnd betrachteten mich die Schieber, sie haben das schon gelernt, unsereinem gerecht zu werden. In der Miene, mit der sie mich betrachteten, war Lächeln und leiser Spott sehr diskret mit Artigkeit, Schonung, sogar Anerkennung gemischt. Ich besann mich, wo ich diesen seltsamen Blick schon einmal gesehen habe? Richtig, ich fand es wieder.

Diesen Blick, mit dem der Kriegsgewinner das Kriegsopfer betrachtet, hatte ich während des Krieges in Deutschland oft gesehen. Es war der Blick, mit dem damals die Kommerzienrätin auf der Straße den verwundeten Soldaten betrachtete. Halb sagte er ›Armer Teufel!‹, halb sagte er ›Held!‹ Halb war er überlegen, halb war er scheu.

Mit der Heiterkeit und dem guten Gewissen des Besiegten betrachtete ich mir die Reihe der Schieber. Sie sahen prächtig aus, besonders die Damen. Man dachte an prähistorische Zeiten, an Zeiten vor 1914, wo wir alle diesen elegant-saturierten Zustand für den selbstverständlichen und einzig wünschenswerten hielten.

Mein Gastgeber war noch nicht erschienen. So näherte ich mich einem der Schieber, um ein wenig zu plaudern.

›Grüß Gott, Schieber‹, sagte ich. ›Wie geht's?‹

›Oh, recht gut, nur ein wenig langweilig zuzeiten. Manchmal könnte ich Sie beneiden mit Ihrem blauen Flikken auf dem Knie. Sie sehen aus wie ein Mann, der nichts von Langeweile weiß.‹

›Ganz richtig. Ich habe unheimlich viel zu tun, da vergeht die Zeit schnell. Jeder hat eben seine Rolle.‹

›Wie meinen Sie das?‹

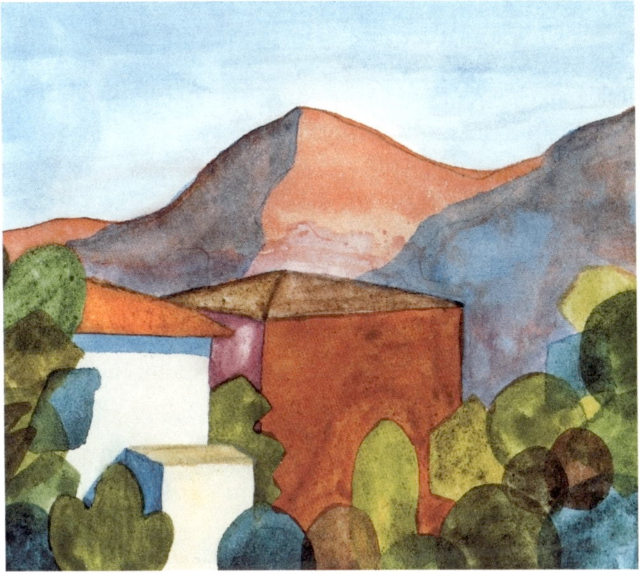

›Nun, ich bin Arbeiter, und Sie sind Schieber.

Ich produziere, und Sie telephonieren. Letzteres bringt mehr Geld ein. Dafür ist das Produzieren weit lustiger. Gedichte zu machen oder Bilder zu malen ist ein Genuß; wissen Sie, eigentlich ist es gemein, dafür auch noch Geld zu verlangen. Ihr Beruf ist, angebotene Waren mit hundert Prozent Aufschlag weiter anzubieten. Das ist gewiß weniger beglückend.‹

›Ach Sie! Sie haben immer so etwas Mokantes, wenn Sie mit mir reden. Geben Sie nur zu, Männeken, im Grunde beneiden Sie uns sehr, Sie mit Ihren geflickten Hosen!‹

›Gewiß‹, sagte ich, ›ich bin oft neidisch. Wenn ich gerade Hunger habe und sehe euch hinterm Schaufenster Pasteten fressen, dann beneide ich euch. Ich halte viel von Pasteten. Aber sehen Sie, kein Genuß ist so flüchtig, ist so lächerlich vergänglich wie der des Essens. Und so ist es im Grunde auch mit den schönen Kleidern, den Ringen und Broschen, den ganzen Hosen! Es macht ja Spaß, einen schönen Anzug anzuziehen. Aber ich zweifle, ob dieser Anzug Sie den ganzen Tag beschäftigt, erfreut und beglückt. Ich glaube, ihr denkt oft ganze Tage lang an eure Bügelfalten und Brillantknöpfe gerade so wenig wie ich an mein geflicktes Knie. Nicht? Also was habt ihr schon davon? Die Heizung allerdings, um die sind Sie zu beneiden. Aber wenn die Sonne scheint, auch jetzt im Winter, weiß ich eine Stelle bei Montagnola, zwischen zwei Felsen, da ist es dann so windstill und so warm wie hier in Ihrem Hotel und viel bessere Gesellschaft, und kostet nichts. Oft findet man sogar noch eine Kastanie unterm Laub, die man essen kann.‹

›Na, mag sein. Aber wollen Sie davon leben?‹

›Ich lebe davon, daß ich produziere, daß ich Werte in die Welt setze, seien es noch so kleine. Ich mache zum Beispiel Aquarelle, ich wüßte niemand, der hübschere macht. Man kann von mir für eine Kleinigkeit Gedichtmanuskripte kaufen, die ich selber mit farbigen Zeichnungen schmücke. Ein Schieber kann nichts Klügeres tun, als solche Sachen kaufen. Wenn ich übers Jahr tot bin, sind sie das Dreifache wert.‹

Ich hatte es im Scherz gesagt. Aber den Schieber ergriff die Angst, daß ich Geld von ihm haben wolle. Er wurde zerstreut, hustete viel und entdeckte plötzlich am fernsten Ende des Saals einen Bekannten, den er begrüßen mußte.

Liebe Freunde in Berlin, erspart es mir, das Mittagessen zu schildern, das ich nun mit meinem Gastgeber genoß! Weiß und gläsern leuchtete der Speisesaal, und wie hübsch wurde serviert, wie gut aß man, und was für Weine! Ich schweige davon. Es war ergreifend, die Schieber essen zu sehen. Sie legten Wert auf Haltung, sie beherrschten sich schön. Sie aßen die delikatesten Bissen mit Gesichtern voll ernster Pflichterfüllung, ja lässiger Verächtlichkeit, sie schenkten sich Gläser aus alten Burgunderflaschen voll mit gelassenen und etwas leidenden Mienen, als nähmen sie Medizin. Ich wünschte ihnen dies und jenes, während ich zusah. Eine Semmel und einen Apfel steckte ich mir ein, für den Abend. Ihr fragt, warum ich denn nicht nach Berlin komme? Ja, es ist eigentlich komisch. Aber es gefällt mir tatsächlich hier besser. Und ich bin so eigensinnig. Nein, ich will nicht nach Berlin und nicht nach München, die Berge sind mir dort am Abend zu wenig rosig, und es würde mir dies und jenes fehlen.

(1919)

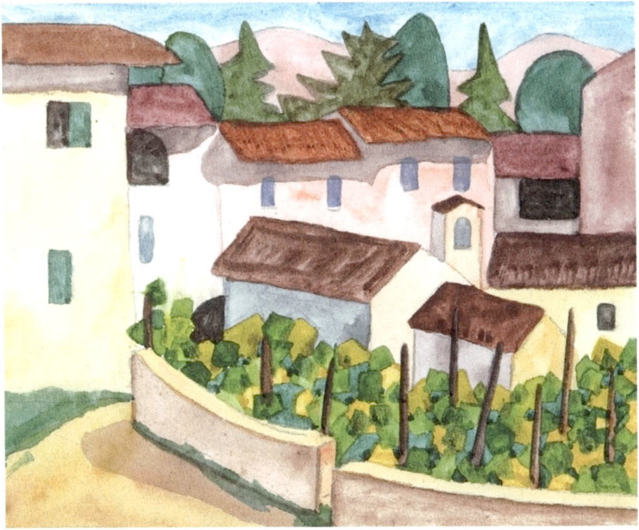

AQUARELL

Heute gegen Mittag sah und fühlte ich es schon, daß es heute einen Mal-Abend geben würde. Es war ein paar Tage windig gewesen, abends immer kristallklar, morgens bedeckt, und nun war diese weiche, etwas graue Luft gekommen, diese sanfte, träumende Verhüllung, oh, die kannte ich genau, und gegen Abend, wenn das Licht schräg fiel, würde es wunderschön werden. Es gab auch noch andere Mal-Wetter, natürlich und schließlich konnte man bei jedem Wetter malen, schön war es immer, selbst bei Regen, selbst in der unheimlichen, glasigen Durchsichtigkeit eines Föhnvormittags, wenn man in einem Dorf, vier Stunden von hier, die Fenster zählen konnte. Aber Tage wie heute, das war etwas anderes und Besonderes, an diesen Tagen *konnte* man nicht malen, sondern *mußte* malen. Da blickte jedes Fleckchen Rot oder Ocker so klangvoll aus dem Grün, jeder alte Rebenpfahl mit seinem Schatten stand da so nachdenklich schön und in sich versunken, und noch im tiefsten Schatten sprach jede Farbe klar und kräftig.

In meiner Kindheit kannte ich solche Tage in den Ferien. Da handelte es sich allerdings nicht ums Malen, sondern ums Angeln. Und auch angeln konnte man ja zur Not immer. Aber da gab es Tage mit einem gewissen Wind, einem gewissen Geruch, einer gewissen Feuchtigkeit, einer gewissen Art von Wolken und Schatten, da wußte ich schon gleich am Morgen genau und gewiß, daß es heute nachmittag am untern Steg Barben geben würde und daß am Abend bei der Walkmühle die Barsche beißen würden. Die Welt hat sich seither verändert, und mein Leben auch, und die Freude und satte Glücksfülle eines solchen Angeltages in der Knabenzeit ist etwas Sagenhaftes und kaum mehr Glaubliches geworden. Aber der Mensch selbst ändert sich wenig, und irgendeine Freude, irgendein Spiel will er haben, und so habe ich heute statt des Angelns das Aquarellmalen, und wenn die Wetterzeichen einen schönen, guten Maltag versprechen, dann spüre ich im altgewordenen Herzen wieder einen fernen, kleinen Nachklang jener Knaben-Ferienwonne, jener Bereitschaft und Unternehmungslust, und alles in allem sind das dann meine guten Tage, deren ich von jedem Sommer eine Anzahl erwarte.

So ging ich denn am Spätnachmittag aus, den Rucksack mit dem Malzeug auf dem Rücken, den kleinen Klappstuhl in der Hand, an den Platz, den ich mir schon um Mittag ausgedacht hatte. Es ist ein steiler Abhang über unserm Dorfe, früher von dichtem Kastanienwald bedeckt, im letzten Winter aber kahlgeschlagen, dort zwischen den noch ein wenig duftenden Baumstrünken hatte ich schon mehrmals gemalt. Von hier aus sah man die Ostseite unseres Dorfes, lauter dunkle, alte Dächer aus Hohlziegeln, auch ein paar hellrote, neue, ein Gewinkel von nackten, unverputzten Mauern, überall Bäume und Gärtchen dazwischen, da und dort hing ein wenig weiße oder farbige Wäsche an der Luft. Jenseits die großen blauen Bergzüge, einer hinter dem andern, mit rosigen Spitzen und violetten Schattenzügen, rechts unten ein Stück See, jenseits winzig ein paar helle, schimmernde Dörfchen.

Nun hatte ich gegen 2 Stunden Zeit, während die Sonne langsam sank und das Licht über den Dächern und Mauern langsam wärmer, tiefer, goldener wurde. Ehe ich zu zeichnen begann, überblickte ich eine Weile das ganze vielfältige Tal bis zum See hinab, die fernen Dörfer, den Vordergrund mit den an der Schneide noch lichten Baumstümpfen, aus denen schon meterhohe, üppig grüne Seitensprossen trieben, dazwischen das rote trockene Erdreich mit dem glimmerigen Gestein, mit den tief eingefressenen Wasserläufen aus der Regenzeit, und dann betrachtete ich unser Dorf, dies kleine, warme Genist von Mauern, Giebeln, Dächern, worin jede Linie und Fläche mir so lang und wohl bekannt ist. Formen, die ich manches Dutzendmal mit dem Auge studiert, mit dem Stift nachgezeichnet hatte. Ein großes Dach, früher Dunkelbraun, mit Caput mortuum zu malen, war neu gedeckt; es war das Haus von Giovanni, mit dem breiten, offenen Söller unterm Dach, wo im Herbst die goldgelben Maiskolben aufgehängt werden. Da hat er nun sein ganzes großes Dach neu decken lassen! Vor einigen Monaten ist sein Vater gestorben, der älteste Mann im Dorf, nun hat er geerbt und ist reich und legt sich ins Zeug, verbessert und baut, streicht und malt. Und weiter hinten das Häuschen des kleinen Cavadini ist neu angemalt, wenigstens auf einer Seite.

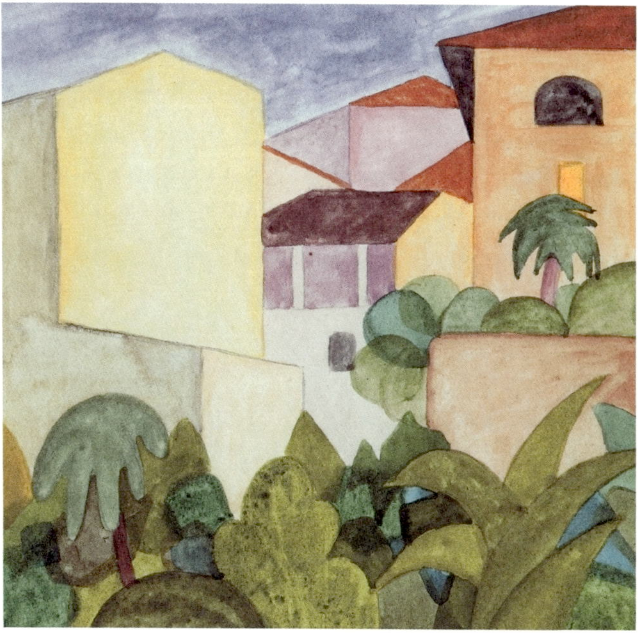

Er will heiraten, der kleine Kerl, und gegen den Garten hat er eine Tür herausgebrochen. Ja, es muß Leute geben, die Häuser haben und Häuser bauen, die heiraten und Kinder in die Welt setzen, die am Abend vor ihren Türen sitzen und rauchen, am Sonntag in die Grotti gehen und Boccia spielen, und in den Gemeinderat gewählt werden. Alle diese Häuser und Hütten gehören irgendjemand, sind von jemand gebaut, jemand wohnt darin, ißt und schläft und sieht die Kinder heranwachsen, verdient oder macht Schulden. Und auch alle die Gärtchen und jeder Baum und jede Wiese, jeder Weinberg und Lorbeerstrauch und jedes Stückchen Kastanienwald gehört irgendeinem, wird verkauft, wird geerbt, macht Freude, macht Sorgen. In das große, neue Schulhaus geht die Jugend, lernt das Notwendigste, hat im Sommer drei Monate Ferien und geht dann tapfer und hungrig auf das Leben los, baut, heiratet, reißt Mauern ein, pflanzt Bäume, macht Schulden, schickt neue Kinder ins Schulhaus. Was diese Menschen an ihren Häusern und Gärten sehen, das sehe ich nicht oder wenig davon. Daß Wasser im Keller ist und der Speicher voll Ratten, daß der Kamin nicht zieht und daß im Garten die Bohnen zu viel Schatten haben, das sehe ich alles nicht, es freut mich nicht, es macht mir keine Sorgen. Aber das, was ich hier an unserem Dorfe sehe, das sehen nun wieder die Leute nicht. Keiner sieht, wie die bleiche, bröcklige Kalkwand dort hinten den Ton des Blau aus dem Himmel herüberzieht und auf Erden weiterschwingen macht. Keiner sieht, wie sanft und warm das verschossene Rosa jenes Giebels zwischen dem wehenden Grün der Mimosen lächelt, wie feist und prall das dunkle Ockergelb am Haus der Adamini vor dem schweren Blau des Berges steht, und wie witzig die Cypresse im Garten des Sindaco das Laubgekräusel überschneidet. Keiner sieht, daß die Musik dieser Farben gerade in dieser Stunde ihre reinste, bestgespannte Stimmung hat, daß das Spiel der Töne, die Stufenfolge der Helligkeiten, der Kampf der Schatten in dieser kleinen Welt zu keiner Stunde die gleichen sind. Keiner sieht, wie unten in der bläulichen Muschel des Tales der abendliche Goldrauch einen dünnen Streifen zieht und die jenseitigen Berge tiefer in den Raum zurücktreibt. Und wenn es Menschen geben muß, welche Häuser bauen, Häuser einreißen, Wälder pflanzen, Wälder abhauen, Fensterläden anstreichen und Gärten besäen, dann wird es wohl auch einen Menschen geben müssen, der dies alles sieht, der all diesem Tun und Treiben ein Zuschauer ist, der diese Mauern und Dächer in sein Auge und Herz einläßt, der sie liebt, der sie zu malen versucht.

Ich bin kein sehr guter Maler, ich bin ein Dilettant; aber es gibt keinen einzigen Menschen, der in diesem weiten Tal die Gesichter der Jahreszeiten, der Tage und Stunden, der die Falten des Geländes, die Formen der Ufer, die launigen Fußwege im Grün so kennt und liebt und hegt wie ich, der sie so im Herzen hat und mit ihnen lebt. Dazu ist der Maler mit dem Strohhut da, mit seinem Rucksack und seinem kleinen Klappstuhl, der zu allen Zeiten diese Weinberge und Waldränder abstreift und belauert, über den die Schulkinder immer ein wenig lachen und der die anderen Leute zuweilen um ihre Häuser und Gärten, Frauen und Kinder, Freuden und Sorgen beneidet.

Ich habe ein paar Bleistiftstriche auf mein weißes Blatt gemacht, die Palette herausgeholt und Wasser eingeschenkt. Und nun setze ich mit einem Pinsel voll Wasser und wenig Neapelgelb den hellsten Fleck meines Bildchens hin: es ist der bestrahlte Giebel dort zuhinterst über dem fetten, saftigen Feigenbaum. Und jetzt weiß ich nichts mehr von Giovanni und nichts von Mario Cavadini und beneide sie nicht und kümmere mich um ihre Sorgen so wenig wie sie sich um die meinigen, sondern kämpfe mich gespannt und angestrengt durch die Grün, durch die Grau, wische naß über den fernen Berg, tupfe Rot zwischen das grüne Laub, tupfe Blau dazwischen, sorge mich sehr um den Schatten unter Marios rotem Dach, mühe mich um das Goldgrün des runden Maulbeerbaumes über der schattigen Mauer. Für diese Abendstunde, für diese kurze, glühende Malstunde am Hang über unserem Dorf bin ich dem Leben der anderen kein Beobachter und Zuschauer mehr, beneide es nicht, beurteile es nicht, weiß nichts von ihm, sondern bin in mein Tun verbissen und in mein Spiel verliebt, genauso hungrig, genauso kindlich, genauso tapfer wie die anderen in das ihre.

(1926)

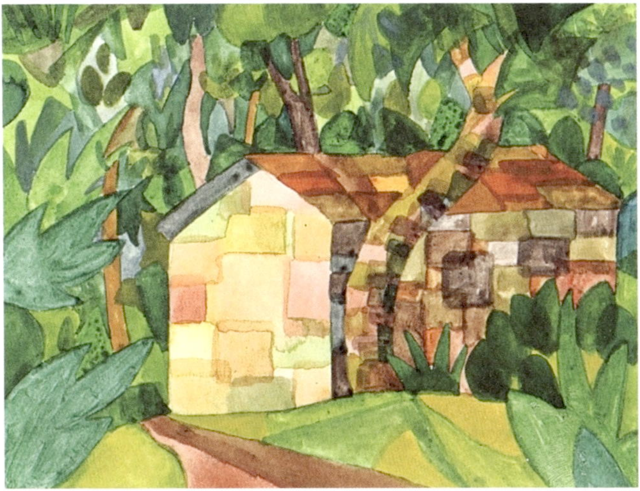

MALERFREUDE

Äcker tragen Korn und kosten Geld
Wiesen sind von Stacheldraht umlauert,
Notdurft sind und Habsucht aufgestellt,
Alles scheint verdorben und vermauert.

Aber hier in meinem Auge wohnt
Eine andre Ordnung aller Dinge,
Violett zerfließt und Purpur thront,
Deren unschuldvolles Lied ich singe.

Gelb zu Gelb, und Gelb zu Rot gesellt,
Kühle Bläuen rosig angeflogen!
Licht und Farbe schwingt von Welt zu Welt,
Wölbt und tönt sich aus in Liebeswogen.

Geist regiert, der alles Kranke heilt,
Grün klingt auf aus neugeborener Quelle,
Neu und sinnvoll wird die Welt verteilt
Und im Herzen wird es froh und helle.

OHNE KRAPPLACK

Wieder einmal ist es mir geglückt, einen Vormittag für mich zu retten und zu entwischen.

Die Pflichten mögen ein wenig warten. Der ganze Kram meiner täglichen Existenz mag ein wenig liegen bleiben; bin ich denn wirklich verpflichtet, diesen langweiligen und rostigen Apparat immer wieder in Gang zu halten. Warten mögen die Korrekturen vom Verleger, warten mag der Herr in Bochum oder Dortmund, der mich für den Winter zu einem Vortrag einlädt, warten mögen die Briefe der Studenten und der Backfische, warten die Besuche aus Berlin und Zürich, die Literaturknaben und geistigen Edeltanten – mögen sie vor meinem Hause auf und ab wandeln und sich einmal auch die schöne Gegend betrachten, statt immer nur über Literatur zu schwatzen! …

Dem allem bin ich davongelaufen, es gibt jetzt für ein paar Stunden keine Bücher, kein Studierzimmer mehr. Es gibt nur die Sonne und mich, und diesen hellzarten, apfelgrün durchschimmerten Septembermorgenhimmel, und das strahlende Gelb im herbstlichen Laub der Maulbeerbäume und der Reben. Ich habe mein Malstühlchen in der Hand, das ist mein Zauberapparat und Faustmantel, mit dessen Hilfe ich schon tausendmal Magie getrieben und den Kampf mit der blöden Wirklichkeit gewonnen habe.

Und auf dem Rücken habe ich den Rucksack, darin ist mein kleines Malbrett, und meine Palette mit Aquarell-

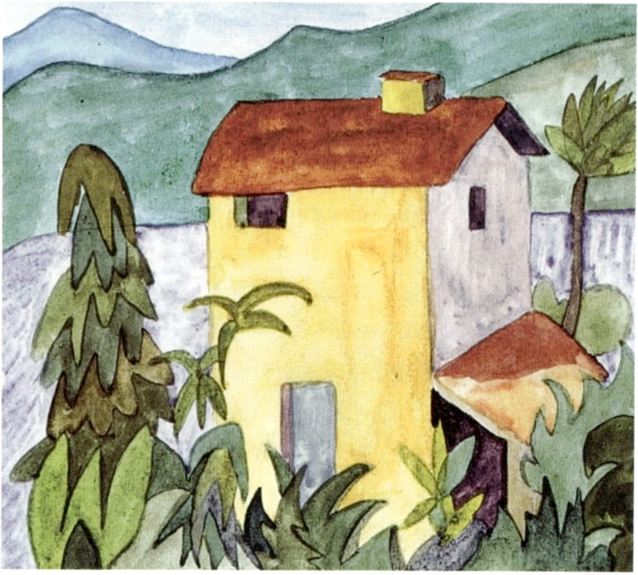

farben, und ein Fläschchen mit Wasser fürs Malen, und einige Blatt schönes italienisches Papier, und auch eine Zigarre und ein Pfirsich. Ich ziehe aus, grade noch ehe der Briefträger mich erwischen kann, der in zehn Minuten da sein muß, ich marschiere zum Dorf hinaus und singe das alte italienische Soldatenlied vor mich hin: *Addio la caserma, non ci vedremo più!*

Weit komme ich nicht. Kaum bin ich in einen kleinen Wiesenfußweg eingebogen, wo im Schatten eines Rebenhügels das Gras noch triefend naß vom Tau steht, da ruft mich schon ein Bild an, das unbedingt gemalt werden muß, so schön und geheimnisvoll strahlend blickt es mich an: ein alter Baumgarten, der mit Eiben, Palmen, Zypressen, Magnolien und vielem Gebüsch steil den Berg hinan strebt, wie Flammen steigen, mit leicht gebogenen, nadelspitzen Wipfeln, die Zypressen in den Himmel, und unten brennt in dem Meer von dunklem Grün ein grellrotes Hohlziegeldach mit entzückenden, zackigen Schatten, und hoch oben aus dem schlafenden Garten- und Baumparadies blickt zart und kokett ein helles Landhaus mit scharfen Schattenkanten. Eigentlich paßt es mir gar nicht, mich schon hier, beinahe noch im Dorf, aufzuhalten, und mir im hohen Grase nasse Füße zu holen, aber da ist nun nichts zu machen, das rote Dach, und der Schatten unterm Kamin, und die paar tiefen, mysteriösen Blau im Laubmeer der Terrasse lassen mich nicht los, das muß ich malen. Ich stelle mein Klappstühlchen auf, den Freund und Kameraden meiner Ausflüge aus dem Hause ins Freie, aus den Pflichten in die Vergnügungen, aus der Literatur in die Malerei. Vorsichtig setze ich mich, der tuchene Sitz kracht ein wenig und warnt mich, ich muß neue Nägel hineinschlagen, natürlich habe ich es gestern wieder vergessen! Warum? Weil wieder ein Herr aus Deutschland da war, der sich für Ferientage im Süden aufhielt und nichts Klügeres mit diesen Tagen anzufangen wußte, als Landsleute aufzusuchen und von Literatur zu schwatzen! Na, möge er die Beine brechen! Nein, das eigentlich doch nicht – aber möge er künftig in Berlin bleiben! Leise kracht mein Stühlchen.

Und ich lege den Rucksack ins Gras und packe aus, die Malschachtel, den Bleistift, das Papier, ich lege den Karton auf meine Knie und fange an aufzuzeichnen, das Dach, das Kamin mit dem Schatten, die Hügellinie, die hohe, strahlende Villa, die dunklen Raketen der Zypressen, den besonnten, lichten Kastanienstamm, der so wunderbar im tiefen Blauschatten des Gehölzes schimmert. Bald bin ich fertig, es kommt mir heute nicht auf Kleinigkeiten an, bloß auf die Farbflächen. Andere Male wieder kann ich mich auch ins Kleine und Einzelne verlieren und die Blätter am Baum abzählen, aber heute nicht! Heut kommt es mir bloß auf die Farbe an, auf dies satte, schwere Rot des Daches, auf alle die Blaurot und Violett darin, auf das Herausleuchten des lichten Hauses aus dem Baumdunkel. Schnell reiße ich die Farben heraus, schenke etwas Wasser in den winzigen Becher, tauche den Pinsel ein – – aber da erschrecke ich sehr. Mehrere von den Farbenhöhlen meiner Palette sind leer, sind vollkommen leer, und sauber ausgekratzt, auch nicht ein Rest von Farbe mehr drin, und unter den Farben, die da fehlen, ist der Krapplack! Es fehlt also ausgerechnet die Farbe, auf die ich mich so sehr gefreut hatte, wegen deren tiefem Klang ich überhaupt diese Skizze aufgezeichnet hatte! Wie sollte ich das herrliche Hohlziegeldach ohne Krapplack malen?!

Und, lieber Gott, *warum* fehlte der Krapplack denn, warum waren diese leeren ausgekratzten Löcher ohne Farbe? Ach, ich wußte es sofort wieder. Es war vor zwei, drei Tagen. Ich war vom Malen zurückgekommen und hatte zu Hause, noch ehe ich mich wusch und ausruhte, alsbald mich daran gemacht, einige von den Farbgruben neu aufzufüllen, ich hatte den Kobalt, den Krapplack, einige von den Grün weggekratzt, hatte die Hände voll Farbe gehabt und eben die Farbtuben zum Nachfüllen aus dem Schrank holen wollen, da hatte es geklopft, und es war wieder so ein Besucher gekommen, ein Herr in einem sehr schönen Tennisanzug, der nach Grand Hotel und eigenem Auto roch, und der, da er sich gerade etwas in Lugano aufhielt, auf die Idee gekommen war, zu mir herauf zu fahren, um mir mitzuteilen, daß er meinen ›Steppenwolf‹ gelesen habe und daß im Grunde auch er so eine Art von Steppenwolfnatur sei. Er sah gerade so aus! Nun, ich hatte meine Malsachen schnell in den Rucksack zurück gestopft und den

Herrn eine Viertelstunde lang angehört und ihn dann an die Haustür gebracht und die Türe doppelt hinter ihm geschlossen und verriegelt – aber die Farben hatte ich über seiner Unterhaltung vergessen, und jetzt saß ich da, voll Maleifer, verliebt in dies rote Dach, und hatte keinen Krapplack! Nein, man sollte keine fremden Leute bei sich empfangen! Und man sollte keine Bücher schreiben! Das hatte man davon!

Ich war wütend.

Indessen, mit dem Temperament allein wird keine Kunst gemacht, es gehört auch Klugheit dazu. Daran erinnerte ich mich, und sagte mir: ›Wenn du nicht fähig bist, den gewollten Klang auf deinem Bild auch ohne Krapplack zu erreichen, dann gib das Malen lieber auf!‹ Und machte mich daran, den Krapplack zu ersetzen. Ich nahm Zinnober und mischte ein wenig von einem Blaurot hinein, und als das mit allem Mischen nicht die ersehnte Farbe geben wollte, tönte ich die Umgebung des Daches aus dem Blauen mehr ins Gelbgrüne, um wenigstens den Kontrast herauszukriegen. Und ich mischte, verbiß mich, strengte mich an und vergaß den Lack, vergaß die Fremden, die Literatur, die Welt, es gab nichts mehr als den Kampf mit diesen paar Farbflächen, die miteinander eine ganze bestimmte Musik ergeben mußten. Und schließlich war mein Blatt vollgemalt, eine Stunde war vergangen.

Aber nachdem ich das Papier ein wenig hatte trocknen lassen und es nun im Grase vor mir aufstellte, sah ich sofort, daß nichts erreicht, nichts geglückt war. Einzig der Schatten unterm Dach der Villa war schön, der saß, der war richtig und stand fein zum Himmel, obwohl ich ihn ohne Kobalt hatte malen müssen. Der ganze Vordergrund war verschmiert und verunglückt. Ich war nicht fähig gewesen, den Krapplack zu ersetzen.

Ich hatte nichts gekonnt.

Ach, und auf das Können kam es ja einzig an in der Kunst!

Mochte man sagen, was man wollte, es war nur das Können, die Potenz, oder meinetwegen das Glückhaben, was in der Kunst entschied! Oft hatte ich ja selbst das Gegenteil gedacht und behauptet, daß es nicht darauf ankomme, was ein Mensch könne und wie virtuos er seine Kunst betreibe sondern bloß darauf, ob er wirklich etwas in sich trage und wirklich etwas zu sagen habe. Dummes Zeug! Jeder Mensch hatte etwas in sich, jeder hatte etwas zu sagen. Aber es nicht zu verschweigen und nicht zu stammeln, sondern es auch wirklich zu sagen, sei es nun mit Worten oder mit Farben oder mit Tönen, darauf einzig kam es an! Eichendorff war kein großer Denker, und Renoir war vermutlich kein außerordentlich tiefer Mensch, aber sie hatten ihre Sache gekonnt! Sie hatten das, was sie zu sagen hatten, sei es nun viel oder wenig, vollkommen zum Ausdruck gebracht. Wer das nicht konnte, der mochte Feder und Pinsel wegwerfen! Oder aber er mochte hingehen und sich weiter üben, immer und immer wieder, und nicht nachgeben, bis auch er etwas konnte, bis auch ihm etwas glückte.

Diesen zweiten Weg beschloß ich zu wählen, als ich einpackte.

(1927)

MALFREUDE, MALSORGEN

Lange saß ich heute auf einer der grünen Bänke am Quai, auf einer von diesen steifen, blöden Ruhebänken, die da im staubigen Kies umherstehen, in gleichen Abständen, und auf denen abends die Bummler und Fremden sitzen. Viele Jahre kenne ich nun diese Stadt am See, habe oft monatelang in ihr gelebt, aber niemals war es mir eingefallen, mich einmal zu den Bummlern auf eine dieser langweiligen Bänke zu setzen. Jetzt habe ich es gelernt, und heute saß ich eine ganze Stunde dort, im Mittag, beinahe ganz allein. Durch die Blendung blinzelnd, sah ich hinter der Ufermauer den blauen See mit lichten und mit tief blaugrünen Streifen schimmern, zwei ferne Segel wiegten sich schwebend darüber, wie in der Luft ruhend, die grünen Ufer griffen mit festen Armen um den See, und im Süden schwammen zwischen lichtem Sommergewölk hier und dort halbverwischte Umrisse von Schneebergen.

Es war sehr ruhig um diese Stunde; blinzelnd und zuweilen halb schlummernd saß ich in meine Bankecke gekauert, manchmal den Bewegungen der fernen Segel folgend. In der Nähe war wenig Leben. Einmal kam ein junger Bursch gegangen, im wollenen Sweater, mit sportlicher Schneidigkeit, ein schöner Junge, dem der sanfte Wind im langen bloßen Haar wehte. Und einmal kam ein kleiner Knabe, ein Stöpsel von sieben oder acht Jahren, der mochte nicht auf dem langweiligen Kies gehen, sondern lief auf der Brüstung der Quaimauer stolz dahin, und in der rechten Hand hatte er eine Kinderpistole, die er beständig lud und die er genau bei jedem fünften Schritt abschoß. Irgendein Kriegshelden- oder Indianertraum mochte ihn so rhythmisch über die endlose Mauer dahinführen. Als der Umriß seiner kleinen Figur undeutlich zu werden begann und nur noch ein verlaufener kleiner Farbfleck davon blieb, fing ich plötzlich an zu beachten, daß es ein gutes Malwetter sei, ein richtig malerischer Tag, an welchem Luft und Wasser, Erde und Gewächse wie von einem Zauberhauch umhüllt und in eine holde Einheit gebannt erscheinen, einer jener Tage, an denen die Maler sich in ihre Objekte verlieben, wo alles so magisch und unwiederbringlich schön aussieht, wo alles zur Darstellung lockt, wo auch noch das Geringste und Nüchternste einen Duft und Reiz um sich weben hat wie einen stillen Heiligenschein. Oh, wie lange, wie unendlich lange hatte ich nicht mehr gemalt!

Wie viele Monate hatte ich dies Glück entbehrt! In der Nüchternheit und winterlichen Lichtarmut einer Stadtwohnung, in dem Gedränge und der Eile vieler Reisen, im Studieren und Arbeiten hatte ich, mehr als ein halbes Jahr lang, nie mehr gemalt, nie mehr mich von einem berückenden Eindruck fesseln lassen, nie mehr den stillen erregenden Kampf gekämpft. Auf Reisen und in der Stadt konnte ich nicht malen; zum Malen gehörte für mich Landleben, viel Zeit, viel einsames Schweifen in der Landschaft, viel Stille und Versunkenheit. Oh, wie sehnte ich mich nun, als mich plötzlich diese malerische Luft anwehte und erweckte, nach dem Malerglück vergangener Sommer! Wie töricht war ich gewesen, mich so lange in der Stadt, fern meiner Werkstatt, zu versäumen – wie viel Frühlingstage hatte ich nun schon ungenutzt und ungenossen verstreichen lassen! Plötzlich sah ich alles malerisch. Der Kiesboden zu meinen Füßen hatte einen zarten Rosaschimmer, auf den Segeln im See leuchtete Ocker und Orange, die gekräuselten Spiegelbilder am Ufer sahen aus wie Stükke einer weggelegten, reich mit Farbenhaufen und ineinander zerfließenden Farbenmischungen bedeckten Palette. Hell und kühl sang, wie ein hoher metallener Ton, das kristallene Blaugrün des Wassers, warm und werbend sprachen die besonnten Häuserwände aus dem lichten Baumgrün, unter dem die Schatten so satt und dick sich häuften.

Aber hier war ja an Malen nicht zu denken, hier in der Stadt, auf dem kahlen Quai, inmitten der Menschen. Oh, säße ich doch zu Hause im Tessin unterm Schattendach eines Kastanienwaldes und hätte mein Malzeug bei mir! Aber das waren unnütze Wünsche. Ich war in der Stadt, auf Reisen, und hatte zu Hause in meinem Absteigequartier nur eine kleine dürftige Aquarellpalette liegen, die seit Monaten vertrocknet und verstaubt war.

Betrübt ging ich nach Hause. Wenn ich auch mit dem eigentlichen Malen mich noch eine Weile gedulden mußte, so wollte ich doch inzwischen ein wenig mit den Aquarellfarben spielen, etwa ein kleines Manuskript zusammenstellen für einen Freund oder für einen Sammler, ein illustriertes Märchen oder einige Gedichte mit Landschaften und Blumen dazu.

Ich kam nach Hause, sehnsüchtig, voll schwingender Töne, voll Verlangen nach Farben. Aus der hellen Sonne trat ich in die kühle Schattenkluft der Haustür, der Treppe, in die Finsternis der Flure, und fand in meinem Zimmer ein stilles, etwas kühles Licht und graue perlige Schatten sanft und schön gegen die besonnte Bläue draußen stehen. Und mitten im Zimmer, mitten auf dem Tisch stand etwas Wunderbares, stand eine lebendige Woge holdester Farben, ein Konzert innigster Töne. Es war ein Magnolienzweig mit drei Blüten: einer überreifen, die schon nahe am Entblättern war, einer frisch offenen und einer noch knospenhaft geschlossenen. Die drei großen Blüten, außen rotviolett, innen seidenweiß mit zartesten Reflexen, schwebten zauberhaft schön und beseelt in dem schattigen grauen Raum, wo nur wenige schattengedämpfte Farben von den Bildern an der Wand ihren Klängen Antwort gaben.

Überrascht und entzückt stand ich vor der Blume. Ich hatte sie vergessen gehabt. Wohl hatte ich sie gestern mit Freude im Garten eines Freundes abgeschnitten und mitgenommen, froh, etwas Lebendiges und Farbiges mit in mein Zimmer zu nehmen, hatte ihr sorgfältig Wasser ge-

geben und sie gut gestellt. Aber wie schön sie war, wie sie von seligen Farbenschwingungen überfloß, wie die große, weit offene Blüte sich leise in rührender Todesahnung über die fette, saftige Knospe beugte, wie die sanft gebogenen, leise eingerollten Blattränder das Violett übers Rosa bis zum stillen kühlen Weiß führten, wie einmalig, kurzlebig, verwehend diese Schönheit war – und daß man sie malen konnte, malen mußte, eiligst und gierigst malen mußte, das hatte ich Idiot weder gestern noch heute morgen gesehen, das entdeckte ich erst in diesem Augenblick der Heimkehr.

Schon hatte ich den Hut auf einen Stuhl geworfen, ein Glas Wasser geholt und die Aquarellpalette hervorgesucht, schon wusch ich mit einem nassen Lappen die stumpfen, verstaubten Farbenhäufchen wieder frisch, sah Chromgelb, sah Veronesergrün, sah Krapplack und Ultramarin feucht und schmelzend hervorleuchten. Schon saß ich und hatte ein Blatt Papier, italienisches Zeichenpapier, aufgespannt, hatte einen Pinsel eingetaucht und fuhr suchend mit nassen, dünnsten Farben über die Fläche, wischte das verrinnende Violett mit Pinsel und Finger ins Rosa und ins Weiß hinüber, war verbissen in die Palette, verloren an die drei schönen, schweigenden Blüten, kämpfte mit dem zu rasch benetzten, sich werfenden Papier, riß es weg und nahm ein neues Blatt.

Auf dem Tisch neben den Blumen lag wartende Post, lag eine Einladung für den Abend, lag eine Karte aus Fiesole, lagen zwei neue Bücher in ihrer Pappe und Verschnürung – ich sah es nicht, nichts war vorhanden außer der Magnolie und meinem Blatt Papier, nichts war wichtig als das Erwischen dieses lachend hellen Grüns an den Blattspitzen, das rasche Andeuten der Dunkelheiten im Hintergrund. Naß in Naß, fiebernd vor Glück, fiebernd vor Spannung, strich ich gierig über das Papier, blickte gierig in die schmelzenden Abgründe der Blumenkelche, tauchte hastig den Pinsel ins blaurot gefärbte Wasserglas. Einmal lief ich hinaus, um frisches Wasser zu holen, einmal stand ich auf und holte eine Tube Weiß aus dem Schreibtisch, weil ich leider ohne Weiß nicht auskam; sonst gab es eine gute Stunde lang keine Unterbrechung, keine Pause, keine Vernunft, kein Zusichkommen. Ich strich und wischte, tauchte ein und drückte aus, gab etwas Blau, etwas Gelb zu, verdünnte es sogleich wieder mit nassem Pinsel. Oh, es gab auf der Welt nichts Schöneres, nichts Wichtigeres, nichts Beglückenderes als Malen, alles andre war dummes Zeug, war Zeitverschwendung und Getue.

Herrlich war das Malen, köstlich war das Malen! Schließlich versuchte ich, auch den Hintergrund etwas bestimmter zu geben, stieß auf Widerstände, geriet mit dem Pinsel voll Graugrün auf eine zu wäßrige Stelle, es begann zu verlaufen und trübe Farbfäden zu ziehen, verzweifelt wischte ich ab; plötzlich war an allen Ecken zugleich der Teufel los; hier entdeckte ich einen hart und häßlich stehengebliebenen Farbrand, dort sah ich entsetzt eine der kleinen ausgesparten Helligkeiten mit Grau besudelt, hastiger tauchte ich ein, ängstlicher setzte ich an. War nicht überhaupt das ganze Blatt viel zu rot, viel zu wenig blau und kühl? War es nicht eine große Dummheit gewesen, daß ich nicht auf das Weiß verzichtet hatte? Ach, und wie hatte ich dieses gleiche Ultramarin zum Blattschatten und zum Hintergrund verwenden können? Fehler um Fehler fiel mir auf, während ich immer noch wischte und schmierte. Nein, ich hatte mich vergaloppiert, ich mußte aufhören. Ich legte den Pinsel fort und beschloß zu warten, bis das Blatt ganz trocken wäre, dann würde man ja sehen. Ach ja, und als das Blatt trocken war, da wurde ich allerdings plötzlich sehend. Pfui Teufel, was hatte ich aus diesen wunderbaren Blumen gemacht: ein wüstes Geklеckse stand da auf dem verschandelten Papier, schade war es um das Papier, um die Farbe, schade noch um das Wasser, das ich mit meiner Schmiererei verunreinigt hatte!

Langsam riß ich das beschmierte Papier in Stücke, langsam ließ ich es in den Papierkorb sinken. Gab es etwas Gefährlicheres, etwas Schwereres, etwas Enttäuschenderes als Malen? Gab es etwas Heikleres und Hoffnungsloseres? War es nicht eine Kleinigkeit, ein Kinderspiel, einen Don Quichotte oder einen Hamlet zu schreiben, verglichen mit dem vermessenen Unternehmen, eine Magnolie malen zu wollen?

Während ich diese heftigen Gedanken dachte, heftete

ich mechanisch ein neues Papier auf meine Unterlage, wusch die beiden Pinsel hübsch aus, holte nochmals reines Wasser und begann langsam und ängstlich meine Malerei von neuem.

(1928)

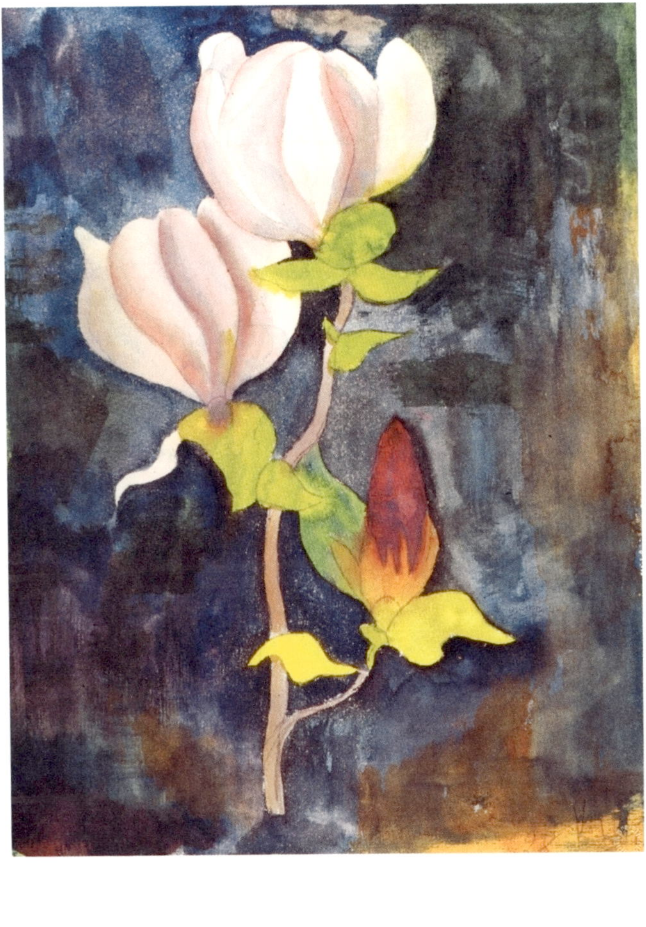

AUS ›SPÄTSOMMERBLUMEN‹

Es gibt um diese Zeit des allmählich sich neigenden Sommers in der Luft eine gewisse Klarheit, die ich ›malerisch‹ nennen würde, wenn die Maler nicht unter ›malerisch‹ das verstehen würden, was leicht zu malen ist. Diese Klarheit aber wäre außerordentlich schwer zu malen und reizt doch unendlich dazu, sie mit dem Pinsel zu bewältigen und zu verherrlichen, denn nie haben die Farben diese tiefe magische Leuchtkraft, dies Juwelenhafte, niemals sonst haben die Schatten diese Zartheit, ohne doch dünn zu werden, nie auch sind in der Pflanzenwelt schönere Farben vorhanden als jetzt, wo alles schon von Herbstahnungen gestreift ist und doch noch nicht die etwas grelle und harte Farbenfreude des eigentlichen Herbstes begonnen hat. Aber in den Gärten stehen jetzt die leuchtendsten Blumen des Jahres, es blühen da und dort noch brennrot die Granaten und dann die Dahlien und Georginen, die Zinnien, die Frühastern, die zauberhaften Korallenfuchsien! Aber der Inbegriff hochsommerlicher und vorherbstlicher Farbenfreude sind doch die Zinnien! Diese Blumen habe ich jetzt immer im Zimmer stehen, sie sind ja zum Glück sehr haltbar, und ich verfolge die Verwandlungen eines solchen Zinnienstraußes von seiner ersten Frische bis zur Welke mit einem Gefühl von Glück und Neugierde ohnegleichen. Strahlenderes und Gesünderes gibt es nicht in der Blumenwelt als ein Dutzend frisch geschnittener Zinnien von lauter verschiedenen Farben. Das knallt nur so von Licht und jauchzt von Farbe. Die grellsten Gelb und Orange, die lachendsten Rot und die wunderlichsten Rotviolett, die oft wie die Farben an Bändern und Sonntagstrachten naiver Landmädchen aussehen können – und man kann diese heftigen Farben nebeneinanderstellen und miteinander vermengen, wie man will, immer sind sie entzückend schön, immer sind sie nicht bloß heftig und leuchtend, sondern nehmen auch einander an, halten Nachbarschaft, reizen und steigern einander.

Ich erzähle Ihnen ja damit nichts Neues. Ich bilde mir nicht ein, der Entdecker der Zinnien zu sein. Ich erzähle Ihnen bloß von meiner Verliebtheit in diese Blumen, weil sie zu den angenehmsten und bekömmlichsten Gefühlen gehört, von denen ich seit langem heimgesucht worden bin. Und zwar entzündet sich diese vielleicht etwas senile, aber keineswegs schwächliche Verliebtheit ganz besonders am Verwelken dieser Blumen!

An den Zinnien, die ich in der Vase langsam erblassen und sterben sehe, erlebe ich einen Totentanz, ein halb trauriges, halb köstliches Einverstandensein mit der Vergänglichkeit, weil eben das Vergänglichste das Schönste, weil das Sterben selbst so schön, so blühend, so liebenswert sein kann. Betrachten Sie einmal, lieber Freund, einen acht oder zehn Tage alten Zinnienstrauß! Und betrachten Sie dann, während er noch manche Tage darüber hinaus weiter sich verfärbt und immer noch schön bleibt, betrachten Sie ihn jeden Tag einigemal recht genau! Sie werden sehen, daß diese Blumen, die in ihrer Frische die denkbar grellsten, trunkensten Farben hatten, jetzt die delikatesten, müdesten, zärtlichst abgetönten Farben bekommen haben. Das Orange von vorgestern ist heute ein Neapelgelb geworden, übermorgen wird es ein mit dünner Bronze überhauchtes Grau sein. Das frohe bäurische Blaurot wird langsam wie von einer Blässe, wie vom Gegenteil eines Schattens überzogen, die müde werdenden Blattränder der Blüten biegen sich da und dort mit sanfter Falte um und zeigen ein gedämpftes Weiß, ein unaussprechlich rührendes, klagendes Graurosa, wie man es an ganz verbleichten Seidensachen der Urgroßmutter oder an alten erblindenden Aquarellen sieht. Und achten Sie, Freund, auch sehr auf die untere Seite der Blütenblätter! An dieser Schattenseite, die beim Einknicken der Stiele oft plötzlich überdeutlich sichtbar wird, vollzieht sich das Spiel dieses Farbenwandels, vollzieht sich diese Himmelfahrt, dies Hinübersterben ins immer Geistigere noch duftiger, noch erstaunlicher als an den Blütenkronen selbst. Hier träumen verlorene Farben, die man sonst in der Blumenwelt nicht findet, seltsam metallische, mineralische Töne, Spielarten von Grau, Graugrün, Bronze, die man sonst nur an den Steinen des Hochgebirges oder in der Welt der Moose und Algen finden kann. Sie wissen ja solche Dinge zu schätzen, ebenso wie Sie den besondern Dufthauch eines edlern Wein-

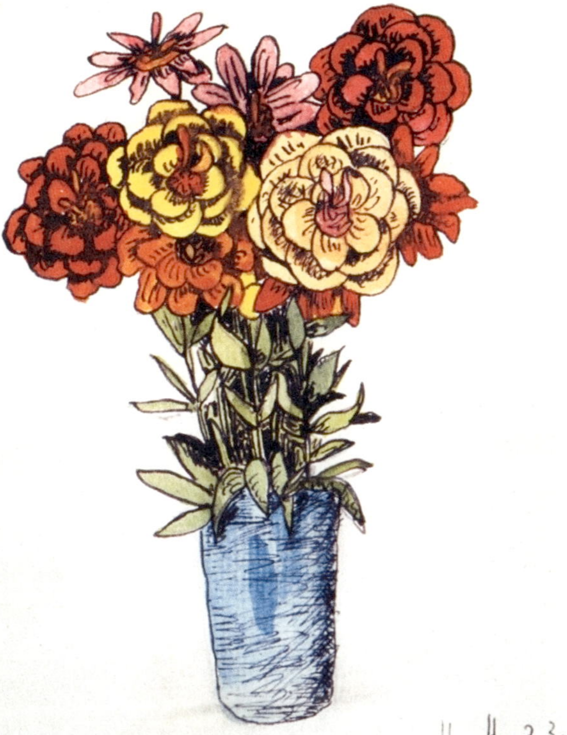
H. H. 23.

jahrgangs oder das Flaumspiel auf der Haut eines Pfirsichs oder einer schönen Frau zu schätzen wissen. Von Ihnen werde ich nicht, weil ich feinere Sinne und beseeltere Erlebnismöglichkeiten habe als ein Boxer, als sentimentaler Romantiker belächelt, sei es nun, daß ich für dahinwelkende Zinnienfarben, sei es, daß ich für die holden verwehenden Töne in Stifters Feldblumen glühe. Aber wir sind wenige geworden, Freund, unsere Art droht auszusterben. Versuchen Sie es einmal und geben Sie einem amerikanischen Gegenwartsmenschen, dessen Musikalität im Handhaben eines Grammophons besteht, für den ein gut lackierter Kraftwagen schon zur Welt des Schönen zählt – geben Sie einmal einem solchen vergnügten und genügsamen Halbmenschen versuchsweise Unterricht in der Kunst, das Sterben einer Blume, die Verwandlung eines Rosa in ein Lichtgrau, als das Lebendigste und Aufregendste, als das Geheimnis alles Lebens und aller Schönheit mitzuerleben! Sie werden sich wundern.

(1928)

DER MALER MALT EINE FABRIK IM TAL

Du auch bist schön, Fabrik im grünen Tal,
Ob auch verhaßter Dinge Sinnbild und Heimat:
Jagd nach Geld, Sklaverei, düstre Gefangenschaft.
Du auch bist schön! Oft erfreut
Deiner Dächer zärtliches Rot mir das Auge
Und dein Mast, deine Fahne: das stolze Kamin!
Sei gegrüßt auch du und geliebt,
Holdes verschossenes Blau an ärmlichen Häusern,
Wo es nach Seife, nach Bier und nach Kindern riecht!
In der Wiesen Grün, in das Violett der Äcker
Spielt das Häusergeschachtel und Dächerrot
Freudig hinein, freudig und doch auch zart,
Bläsermusik, Oboe und Flöte verwandt.
Lachend tauch' ich den Pinsel in Lack und Zinnober,
Wische über die Felder mit staubigem Grün,
Aber schöner als alles leuchtet das rote Kamin,
Senkrecht in diese törichte Welt gestellt,
Ungeheuer stolz, ebenso schön wie lächerlich,
Zeiger an eines Riesen kindlicher Sonnenuhr.

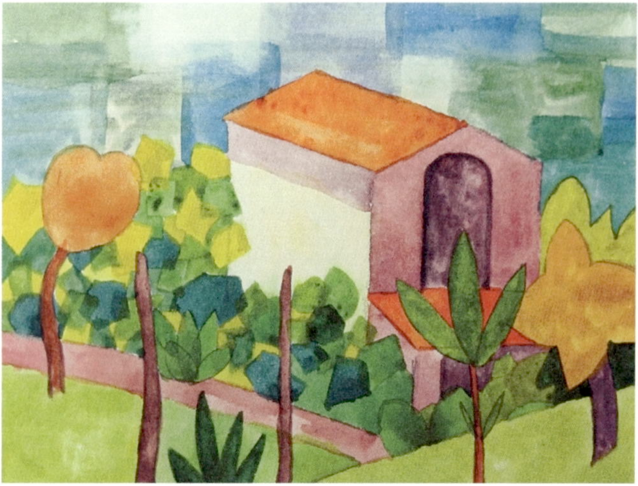

NACHBAR MARIO

Dieser Tage saß ich an einem sonnigen Vormittag im Wald, wo schon hier und dort einzelne Akazienzweige verfärbt sind und wie zitternde Goldtropfen mit ihren kleinen hellgelben Blättchen im bläulichen Laubgewölbe schwanken. Ich saß umgeben von den kleinen Zeichen des beginnenden Herbstes, von den roten und silbergrauen Pilzen, von ersten gefallenen Kastanienfrüchten, die noch weiß und unreif in den grünen stachligen Hülsen steckten, von blühenden Goldruten und Habichtskraut, und ich saß nicht müßig, sondern war sehr beschäftigt. Nachdem ich ein paar Jahre lang immer nur gemalt hatte, war ich neulich plötzlich einmal auf das Zeichnen verfallen und hatte mich seither so in dies neue Handwerk verbissen, daß ich nachts sogar davon träumte. Ich saß also da, meine Mappe auf den Knien, und war bemüht, ein Stück Wald auf mein Papier zu zeichnen: ein Dutzend alter, krummer, wie Riesenschlangen durcheinander kriechender Kastanienbäume, zwischen denen gerade und schlank die hellbraunen Akazienstämmchen stehen, zwischen und über den Stämmen das Durcheinander der Zweige und Laubkronen, unter ihnen die Steine, Farnkräuter und Wurzelnetze und mitten zwischen den Bäumen den etwas verfallenen Eingang eines Felsenkellers: zwischen zwei gemauerten Pfeilern ein Lattentor, hinter dessen Latten schwarz und tief das Felsenloch hineingeht. Es war eine Aufgabe, der ich nicht gewachsen war, aber dies war kein Grund, sie weniger ernsthaft zu betreiben. Es ist langweilig und geisttötend, immer nur Dinge zu betreiben, welche man schon kann. Jeder Polizist oder Paßbüro-Beamter weiß dies ja und hütet sich wohl, etwa das Alphabet, das Lesen von Namen usw. zu lernen, und erhält sich dadurch frisch und gesund, daß er viele Jahre lang jedes Schreiben oder Kontrollieren eines Passes mit der ganzen Intensität, Neugierde und langwierigen Bemühung betreibt, als sei es das erstemal, daß er diese schwierige Arbeit tue.

Ich kämpfte mit den Farnkräutern, strichelte Schatten in die Stämme hinein, freute mich über die dicken gewundenen Baumstämme und über das geheimnisvolle Märchentor, das da zwischen zwei Steinsäulen in den Berg zu den Kobolden hinabführte. Die tiefe Finsternis dieses Schlundes mit dem Bleistift in mein weißes Blatt hineinzuschwärzen, war dabei das Hauptvergnügen.

Als ich einmal wieder von meinem Gestrichel aufblickte, erschrak ich, denn plötzlich war das Bild verändert: das Lattentor stand weit offen, im tiefschwarzen Kellerloch strahlte warm und wunderlich ein Kerzenlicht, das wurde jetzt eben ausgeblasen, und aus dem Schlunde kam ein großer hagerer Mann heraufgestiegen. Ich hatte nicht gewußt, wem der alte Felsenkeller gehörte, den ich schon mehrmals gezeichnet habe. Nun wußte ich es: es war der alte Zio Mario aus Montagnola, der da aus der Erde gestiegen kam – und noch ehe er das Tor hinter sich geschlossen hatte, sah und erkannte er mich, legte einen Finger an seinen Filzhut und grüßte mich mit der Freundlichkeit, die im Tessin unter den älteren Leuten noch immer den nachbarlichen Verkehr zu einer liebenswerten, anmutigen Zeremonie macht. Sein braunes knochiges Gesicht lächelte herzlich, und höflich fragte er nach meiner Arbeit, ohne aber heranzutreten und mir aufs Blatt zu schauen. Diese diskrete Artigkeit, vor einer Generation noch in allen romanischen Ländern selbstverständlich und unter Franzosen auch heute noch nicht selten zu finden, lebt auch hier noch unter den älteren Leuten fort und gehört zu jenen paar Dingen, welche das Leben hier im Süden erleichtern und erheitern. Hätte ich mich nach unserer kurzen Begrüßung wieder über mein Blatt gebückt und weitergezeichnet, er hätte kein Wort mehr gesagt und meine Arbeit respektiert. Ich stand aber auf, ging zu ihm hinüber und gab ihm die Hand, fragte nach dem Stand der Trauben und dem Befinden der Ziegen und wußte genau, daß er mich nun, so nahe bei seinem Keller, zu einem Glas Wein einladen würde, was er auch sofort mit Herzlichkeit tat. Ich dankte und erklärte ihm, daß ich am Vormittag und während der Arbeit keinen Wein trinken könne, daß ich aber sehr gerne einen Blick in seinen Keller tun möchte. Wir stiegen die vor Alter rund gewordenen Stufen hinab, das Tor und der schwarze Schlund taten sich vor mir auf, im Finstern griff der Alte um sich, zauberte einen Leuchter hervor, zündete die Kerze an und zeigte mir mit Stolz den schön gemauerten und gewölbten Keller, mit mehreren kapellenähnlichen Seitennischen. Der Hauptgang führte wohl dreißig Meter in den Berg hinein und war tadellos gemauert, weiter hinten hörte das künstliche Gewölbe auf, und der Gang verlor sich in Sand und Geröll noch weit in die Tiefe. Ich lobte das Mauerwerk und die tiefe Kühle des Raumes, und da ich seine wiederholte Einladung zum Weintrinken nicht annahm, schritten wir langsam beim Schein der kleinen Kerze wieder zurück und traten aus der Erdtiefe wieder in das goldene Waldmorgenlicht heraus. Da standen wir noch eine Weile und plauderten.

Mario ist scheinbar ein ganz und gar anderer Mensch als ich, er könnte einem Unwissenden wie mein Gegenteil und Widerspiel erscheinen. Er ist Bauer, und zwar ein armer Bauer, der es sehr schwer hatte. Wie früher fast alle armen Bauernjungen im Tessin, lernte er das Maurerhandwerk und war in seiner Jugend manche Jahre auswärts auf Arbeit, in Kiel, in Genf, in Frankreich. Dann kam er zurück, übernahm das kleine arme Grundstück des Vaters, kaufte vom Ersparten ein Stück Wald hinzu, und das hat er in fleißigen Jahrzehnten, ohne fremde Hilfe, allmählich mit eigener Hand gerodet und zu Wiesen und Weinberg gemacht. Eine Kuh und vier, fünf Ziegen, ein Streifen Ackerland mit Mais und Buchweizen, ein Rest Kastanienwald und ein gutgehaltener Weinberg, daraus lebte er alle die langen Jahre, oft spärlich, oft reichlicher, wie die Jahre eben ausfielen.

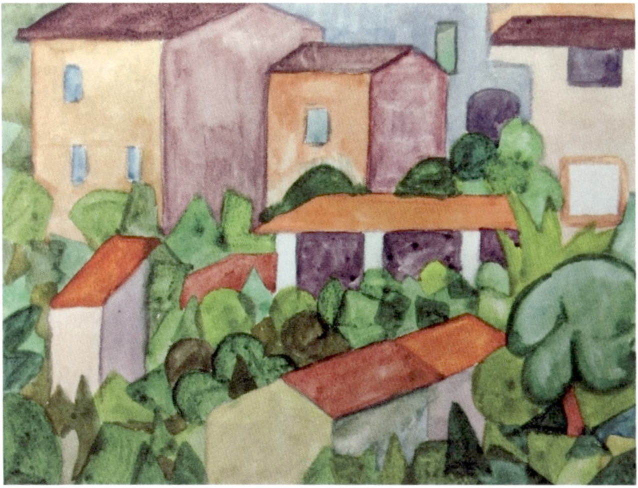

Für Mario bin ich ein ›Herr‹, ein Fremdling, der sich da in seinem Dorf niedergelassen hat und irgendwelche unverständliche Dinge treibt, denn daß ich vom Zeichnen und Aquarellieren nicht leben kann, weiß er recht wohl. Er sieht mich malen und zeichnen, sieht mich spazierengehen, sieht mich kleine Sträuße von Steinnelken oder Enzianen nach Hause tragen, er plaudert auch seit Jahren manchmal mit mir, sonst weiß er nichts von mir, mein Leben und meine Arbeit sind ihm Geheimnis. Scheinbar ist er der schlichte rauhe Bauer, der den spazierengehenden Fremdling als einen harmlosen Schmarotzer betrachten muß.

Aber es stimmt doch nicht ganz, und in Wirklichkeit ist Mario mir gar nicht fremd und hat viel mehr Ähnlichkeiten mit mir, als man meinen sollte. Mario wohnt im Dorf, sein Grundstück aber liegt vom Dorf eine gute Strekke entfernt. Dort hat er einen Stall gebaut, schon vor Jahrzehnten, die Hütte sieht schon ganz alt aus, Rebe und Brombeere wachsen an ihr hinauf. Neben dem Stall hat er einen kleinen Bach in einem grünen feuchten Tälchen laufen, da hat er sich an kühler Stelle ein Plätzchen für Ruhestunden eingerichtet, eine Bank und einen steinernen Tisch, auf den im Frühling die Akazienblüten fallen und wo man mit einem Freunde oder allein am Abend eine Pfeife rauchen und ein Glas Wein trinken kann. Er raucht gern seine Pfeife, er ißt gern im Herbst einen guten geschmorten Steinpilz im Risotto und trinkt sehr gerne ein

Glas guten Wein; dies alles aber tut er weise, mit Maß, und hofft, dabei alt zu werden und neben der Arbeit noch manche gute Stunde zu genießen. Er raucht Virginiatabak, hundert Gramm zu sechzig Centesimi, und diese hundert Gramm reichen immer genau für eine Woche, er kauft nie mehr, um immer frischen Tabak zu haben. Am Sonntag und an Festen erlaubt er sich, nicht nur wie alltäglich von seinem eigenen Wein zu trinken, sondern im Grotto einen halben oder ganzen Liter Piemonteser zu nehmen; früher pflegte er dazu mit seinen Altersgenossen Boccia zu spielen und war ein guter Spieler. Dies hat er jetzt aufgegeben.

Aber mit dieser Lust zu einem stillen und doch festlichen Lebensgenuß sind seine Gaben und Neigungen keineswegs erschöpft. Mario hat außerdem seit undenklicher Zeit in der ›Philharmonie‹, im konservativen Dorfmusikverein (es gibt auch einen liberalen), das Horn geblasen, und von Blasmusik und vom Feiern ländlicher Feste versteht niemand in der Gemeinde mehr als er. Und noch etwas, was mir an ihm besonders lieb ist! An seinem alten Stall, den er vor dreißig oder mehr Jahren mit eigenen Händen gebaut hat, hat er dies Jahr die Vorderseite neu hergerichtet und getüncht, und er hat sich nicht damit begnügt, der Wand einen ordentlichen Verputz zu geben: er hat auch noch einen Maler kommen lassen, den Kunstmaler Petrini aus einem Nachbardorf, und ließ ihn über der Tür ein schönes Bild malen, eine heilige Familie im Stall von Bethlehem. Wenn man, aus dem Walde kommend, sich Marios Hütte nähert, dann sieht man durch Kirschbaumzweige hindurch das frohe schöne Bild an der Mauer leuchten, die sanfte lichte Madonna, den stillen braunen Joseph, das heilige Kind und die freundlichen Tiere an der Krippe.

Mag Mario sich mein Leben nicht richtig vorstellen können, mag ich selber von seinem Leben voll harter Händearbeit und kleiner Sparsamkeit mir nur eine sehr oberflächliche Vorstellung machen können – er spürt doch ganz genau, wie sehr ich seine tiefsten Liebhabereien und Freuden verstehe, wie ähnlich wir beiden alten Männlein einander in ihnen sind. Die hundert Gramm Virginiatabak in der Woche, das einsame heimliche Treffen im Wald nach einem guten Steinpilz, das abendliche Sitzen am Steintisch unter den Bäumen, neben dem kleinen rinnenden Bach, das Trompeteblasen am Sonntag bei der Dorfmusik und die Freude an dem neuen, frischen, schönfarbigen Madonnenbild auf der grün bewachsenen Mauer – das alles verstehe ich viel besser, als ich das Leben und die Freuden vieler ›Herren‹ verstehe. ›Ja, lieber Herr‹, sagt Mario zu mir, ›das Leben ist hart, es wird einem nicht leichtgemacht. Aber sehen Sie: ein Glas Wein am Abend, ein bißchen Fröhlichkeit und eine Musik am Sonntag, das macht alles gut.‹ Wir schütteln uns die Hände, und ich bücke mich wieder über meine Zeichnung. Wenn sie auch mißlingt, das Blatt mit Marios Kellertor wird mir ein liebes Andenken sein.

(1928)

AUS ›STUNDEN AM SCHREIBTISCH‹

Wer viele Briefe bekommt und von vielen angegangen wird, dem kommt heutzutage ein nicht aussetzender Strom von Elend jeder Art entgegen, von der sanften Klage und schüchternen Bitte bis zum wütend grollenden Auftrumpfen der zynischen Verzweiflung. Wenn ich in eigener Person das ertragen müßte, was an Jammer, Bedrängnis, Armut, Hunger, Heimatlosigkeit die Briefpost eines einzigen Tages mir zuträgt, so wäre ich längst nicht mehr am Leben, und mancher dieser oft sehr sachlichen und anschaulichen Berichte stellt mir Zustände vor Augen, in welche mit der mitfühlenden Phantasie einzudringen und welche wirklich anzunehmen und wahrzuhaben mir große Mühe macht. Ich habe mich im Lauf dieser letzten Jahre damit abfinden müssen, mein Empfinden und Verstehen für jene Fälle von großer Not zu sparen, denen wenigstens einigermaßen abzuhelfen, denen mit Trost und Rat oder mit materieller Gabe beizukommen ist …

Einigemale im Jahr aber kommt jene Art von Brief, an der ich besondere Freude habe und deren Erwiderung ich die größte Liebe zuwende. Einigemale im Jahr kommt es vor, daß jemand bei mir anfragt, ob noch eines von den mit Bildchen geschmückten Gedichtmanuskripten zu haben sei, die ich den Liebhabern zur Verfügung halte und deren Ertrag mir einen Teil der Ausgaben für alle die Pakete und Unterstützungen in die Länder des Elends und

Hungers decken müssen. Eine solche Anfrage kam dieser Tage, nach einer Pause von vielen Monaten, einmal wieder und setzte mich in Arbeit und Brot. Ich halte, wenn irgend möglich, stets ein solches Manuskript oder zwei vorrätig, und hat eines einen Liebhaber gefunden, so suche ich es möglichst bald zu ersetzen. Dies ist von allen Arbeiten, die ich je getan habe, mir eine der liebsten, und sie geht etwa folgendermaßen vor sich: Zuerst öffne ich den Papierschrank in meinem Atelier. Ich besitze ihn seit dem Bau meines jetzigen Hauses, er enthält eine Reihe sehr breiter tiefer Zugfächer für Papierbogen. Der Schrank und das viele, zum Teil edle und alte, heute meist nicht mehr zu beschaffende Papier ist eine jener Wunscherfüllungen nach dem Spruch: ›Was man in der Jugend wünscht, hat man im Alter die Fülle.‹ Als kleiner Knabe habe ich zu Weihnacht und Geburtstag mir jedesmal Papier gewünscht, als etwa Achtjähriger tat ich es auf dem Wunschzettel mit den Worten: ›Ein Bogen Papier so groß wie das Spalentor.‹ Später habe ich immer wieder Gelegenheiten zum Erwerb schöner Papiere benützt, oft habe ich sie gegen Bücher oder gegen Aquarelle eingetauscht, und seit der Schrank existiert, bin ich Besitzer von weit mehr Papier als ich je werde verbrauchen können. Ich öffne den Schrank und gehe ans Auswählen eines Papieres, manchmal locken mich die glatten, manchmal die rauhen, manchmal die edlen Aquarellpapiere, ein andermal die einfacheren Druckpapiere. Diesmal bekam ich beim Suchen Lust auf ein sehr einfaches, leicht gelbliches Papier, von dem ich noch wenige gesparte Bogen pietätvoll bewahre. Es ist das Papier, auf das einst eines meiner liebsten Bücher, die ›Wanderung‹, gedruckt wurde. Die noch vorhandenen Vorräte dieses Buches wurden durch amerikanische Bomben vernichtet, seither existiert es nicht mehr, ich habe jedes in Antiquariaten auftauchende Exemplar jahrelang zu jedem Preis gekauft, und heute gehört es zu den wenigen Wünschen, die ich noch habe, daß ich sein Wiedererscheinen noch erleben möge. Dies Papier ist nicht kostbar, aber es hat eine besondere, ganz schwach saugende Porosität, die den darauf gesetzten Wasserfarben etwas leicht Verbleichtes, Altes gibt. Es hatte, wie ich mich erinnerte, auch seine Gefahren, doch wußte ich nicht mehr, welche es seien, und mich von ihnen überraschen und auf die Probe stellen zu lassen, dazu war ich gerade aufgelegt. Ich nahm die Bogen heraus, schnitt mit dem Papierfalzer das erwünschte Format zurecht, suchte ein passendes Stück Karton als Schutzmappe dazu und begann meine Arbeit. Ich male stets zuerst das Titelblatt und die Bilder, noch ohne Rücksicht auf die Texte, die ich später erst auswähle. Die ersten fünf, sechs Bilder, kleine Landschaften oder einen Blumenkranz, zeichne und male ich auswendig nach vertrauten Motiven, für die folgenden suche ich anregende Vorlagen aus meinen Mappen zusammen.

Ich zeichne mit Sepia einen kleinen See, ein paar Berge, auch eine Wolke in den Himmel, baue im Vordergrund am Hügelhang ein kleines Spieldorf auf, gebe dem Himmel etwas Kobalt, dem See einen Schimmer Preußischblau, dem Dorf etwas Goldocker oder Neapelgelb, alles ganz dünn, und freue mich darüber, wie das sanft saugende Papier die Farben dämpft und zusammenhält. Ich wische mit feuchtem Finger den Himmel etwas blasser und unterhalte mich mit meiner naiven kleinen Palette aufs beste, lang habe ich das Spiel nicht mehr geübt. Es geht ja allerdings nicht mehr wie einst, ich ermüde viel rascher, die Kraft reicht nur für wenige Blätter im Tag. Aber noch immer ist es hübsch und macht mir Spaß, eine Handvoll weißer Blätter in eine Bilderhandschrift zu verwandeln und zu wissen, daß die Handschrift sich weiter verwandeln wird, in Geld zunächst, dann aber in Pakete mit Kaffee, mit Reis, mit Zucker und Öl und Schokolade, und des weitern zu wissen, daß damit ein Strahl von Ermunterung, von Trost und neuer Kraft in teuren Menschen entzündet wird, ein Jubelgeschrei bei Kindern, ein Lächeln bei Kranken und Alten, und auch da und dort ein Schimmer von Glauben und Vertrauen in übermüdeten und mutlos gewordenen Herzen …

Es ist ein hübsches Spiel, und ich mache mir kein Gewissen daraus, daß diesen kleinen Malereien ein künstlerischer Wert nicht innewohnt. Als ich einst die allerersten dieser Heftchen und Mäppchen machte, waren sie noch viel unbeholfener und kunstloser als heute, es war während des Ersten Weltkrieges, und ich machte sie auf den

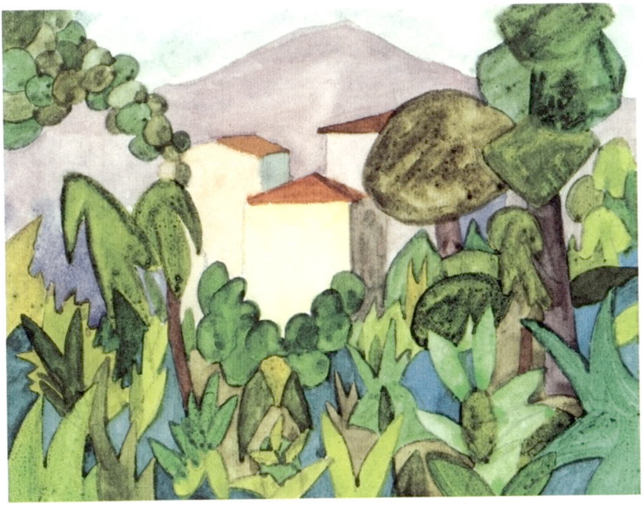

Rat eines Freundes, damals zugunsten der Kriegsgefangenen, es ist lange her, und später kamen Jahre, in denen ich über einen Antrag froh war, weil ich selber es nötig hatte. Heute nun sind es nicht mehr, wie vor Jahrzehnten, Bibliotheken für Kriegsgefangene, in die ich meine Handarbeiten verwandle. Die Leute, in deren Dienst ich heute meine kleinen Handarbeiten herstelle, sind nicht anonyme Unbekannte, ich gebe die Erträge meiner Arbeit auch nicht einem Roten Kreuz oder dieser oder jener Organisation, ich bin mit den Jahren und Jahrzehnten immer mehr ein Liebhaber des Individuellen und Differenzierten geworden, entgegen allen Tendenzen unsrer Zeit. Und möglicherweise bin ich damit nicht nur ein wunderlicher Eigenbrötler, sondern habe objektiv recht. Zum mindesten kann ich feststellen, daß mir das Betreuen einer kleinen Zahl von Menschen, die ich zwar nicht alle persönlich kenne, deren jeder aber mir etwas bedeutet, deren jeder seinen eigenen, einmaligen Wert und sein besonderes Schicksal hat, viel mehr Freude macht und mir im Herzen richtiger und notwendiger scheint, als die Fürsorge und Wohltätigkeit, die ich einst als Rad in einer großen Fürsorge-Maschinerie mitbetreiben half. Auch heute stellt jeder Tag an mich die Forderung, mich der Welt anzupassen und, wie die meisten es tun, mich all der aktuellen Aufgaben mit Hilfe von Routine und Mechanisierung zu entledigen, mit Hilfe eines Apparats, einer Sekretärin, einer Methode. Vielleicht sollte ich die Zähne zusammenbeißen und es noch auf meine alten Tage erlernen? Aber nein, es wäre mir nicht geheuer dabei, und alle jene vielen, deren Not ihre Wellen bis auf meinen überhäuften Schreibtisch spült, wenden sich ja an einen Menschen, nicht an einen Apparat. Bleibe jeder bei dem, was sich ihm bewährt hat!

(1949)

ALTER MALER IN DER WERKSTATT

Vom großen Fenster scheint Dezemberlicht
Auf blaues Leinen, rosigen Damast,
Goldrahmenspiegel mit dem Himmel spricht,
Blaubauchiger Tonkrug hält den Strauß umfaßt
Vielfarbiger Anemonen, gelber Kressen.
Inmitten sitzt, von seinem Spiel besessen,
Der alte Meister, der sein Antlitz malt,
Wie es der Spiegel ihm entgegen strahlt.
Vielleicht hat er für Enkel es begonnen.
Ein Testament, vielleicht der eigenen
Jugend Spur
Gesucht im Spiegelglas. Doch das ist längst
vergessen.
War eine Laune, war ein Anlaß nur.
Er sieht und malt nicht sich; er wägt besonnen
Das Licht auf Wange, Stirne, Knie, das Blau
Und Weiß im Bart, er läßt die Wange glühen
Und blumenschöne Farben aus dem Grau
Des Vorhangs und der alten Jacke blühen,
Er wölbt die Schulter, baut den Schädel rund
Ins Übergroße, gibt dem vollen Mund
Ein tief Karmin. Vom edlen Spiel besessen
Malt er, als wären's Luft, Gebirg und Bäume,
Malt er gleich Anemonen oder Kressen
Sein Bildnis in imaginäre Räume,

Um nichts besorgt als um das Gleichgewicht
Von Rot und Braun und Gelb, die Harmonie
Im Kräftespiel der Farben, das im Licht
Der Schöpferstunde strahlt, schön wie noch nie.

Hans M. Purrmann in Freundschaft gewidmet

MALEN IST WUNDERVOLL ...

Ein Mosaik aus Briefen und Selbstzeugnissen

Malen ist wundervoll. Ich glaubte früher, Augen zu haben und ein aufmerksamer Spaziergänger auf Erden zu sein. Aber das fängt ja jetzt erst an ... das befreit von der verfluchten Willenswelt.

Aus einem Brief vom 21. 4. 1917 an Walter Schädelin

Daß ich kein Maler mehr werden kann, weiß ich schon, aber das intensive Selbstvergessen in der Hingabe an die Erscheinungswelt ist ein Erlebnis. Daß ich tagelang mich selber und die Welt und den Krieg und alles ganz und gar vergessen habe, war seit 1914 das erste Mal.

Aus einem Brief vom 26. 5. 1917 an Alfred Schlenker

Der Krieg war für mich Anlaß zu einer inneren Erkrankung oder Auseinandersetzungsnotwendigkeit, die nun ihren Weg geht und der ich gern alles Äußere opfere. Wenn ich jetzt zwischen der Arbeit (ich bin Beamtenstellvertreter im Kriegsministerium und arbeite hier für Gefangenenfürsorge) etwas Schönes haben und mich von allem Aktuellen weg in etwas fraglos Wertvolles vertiefen will, dann dichte ich nicht, sondern ich habe mit fast vierzig Jahren noch das Zeichnen und Malen angefangen, das mir fast den gleichen Dienst tut und oft noch mehr. Denn der

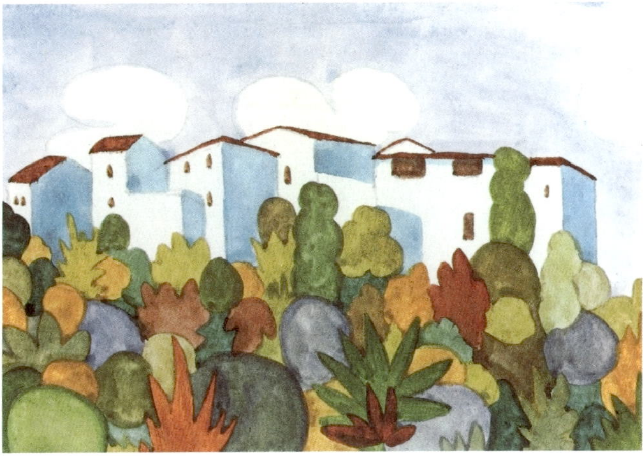

Zustand der Seele, den ich allein für erstrebenswert halte, das innige Mitleben und Hingegebensein ohne persönliche Begierden, der ist recht eigentlich künstlerisch, und ich erreiche ihn für Stunden, wenn ich so etwas mache. Da fängt das Reich Gottes an und das ›Alles ist Euer‹.

Aus einem Brief vom 4. 7. 1917 an Hans Aburi

Als wäre es niemals anders gewesen, saß ich in einem südlichen Tal am Rand eines Weinberges, neben der niedrigen Mauer auf einem kleinen Feldstuhl. Auf den Knien hatte ich einen kleinen Karton liegen, in der Linken eine leichte Palette, in der Rechten einen Haarpinsel. Neben mir stak im weichen Boden mein Wanderstock und lag mein Rucksack, der war geöffnet, und man sah die kleinen zerdrückten Farbentuben darin liegen. Ich holte eine her, schraubte das Köpfchen ab und ließ mit Wonne einen kleinen Klecks vom schönsten, reinsten Kobaltblau auf die Palette, und dann Weiß, und ein feines smaragdenes Veronesergrün für die abendliche Luft, und sparsam einen Spritzer Krapplack. Und ich blickte lang vor mich hinaus, auf die fernen Berge und das goldigbraun rauchende Gewölk, und mischte Ultramarin ins Rot und hielt den Atem an vor Sorgfalt, weil das alles unsäglich zart und leicht und luftig werden mußte. Und mein Pinsel schwang nach kurzem Zaudern rasch und rund eine lichte Wolke ins Blau, mit grauen und violetten Schatten, und die erst angedeuteten grünen Gründe der Nähe und der laubigen

Kastanienbäume begannen nun mit dem gedämpften Rot und Blau der Fernen zusammenzuklingen und aufeinander zu wirken, und Freundschaften und Neigungen der Farben, Anziehungen und Feindschaften klangen auf, und nicht lange, so war alles Leben in mir und außer mir zusammengezogen auf den kleinen Karton, der auf meinen Knien lag, und alles, was die Welt mir und ich der Welt zu sagen und anzutun, zu gestehen und abzubitten hatte, das geschah still und glühend in Weiß und Blau, in frohem kühnem Gelb und süßem lauschigem Grün.

Und ich fühlte: das war das Leben! Das war mein Teil an der Welt, mein Glück, meine Last. Hier war ich zu Hause. Hier blühte mir Lust, hier war ich König, hier kehrte ich der ganzen sehr geehrten Welt mit Wonne und Gleichmut den Rücken.

Aus ›Traum am Feierabend‹, 1918

Ich bin hier stets sehr fleißig und habe neue Sachen geschrieben, die zwar niemand goutieren wird, die aber später sich doch als notwendig zeigen werden. Daneben male ich viel und finde nun so allmählich meinen Stil für das, was ich sagen möchte: kleine expressionistische Aquarelle, sehr frei der Natur gegenüber, aber in den Formen genau studiert. Alles ziemlich hell und farbig.

Aus einem Brief vom 14. 9. 1919 an Frau Schädelin

Die Frage: warum muß das Stilisieren der Natur nun grade so und nicht anders geschehen? – die ist für mich zwar nicht rätselhaft, aber ich kann meine Gedanken darüber kaum ausdrücken. Mir scheint zwischen den Richtungswechseln in der Kunst und den Schwankungen in andern menschlichen Dingen, etwa in der Mode, ein inniger Zusammenhang zu sein. Ein unbewußter, dunkler Trieb leitet das alles, und wie die Kleidermode jeder Saison, so ist die Art der jüngsten Kunst für den Beobachter ein sehr feiner und zarter Barometer für die Seelenstimmungen der Zeit. Jede dieser Schwankungen und Änderungen mitzumachen und zu lobpreisen, halte ich für niemandes Pflicht, und lehne das auch für mich selber ab. Daß aber dem Ganzen ein tiefer Sinn zugrunde liegt, und daß es weder ein seltsamer ›Zufall‹ noch die Willkür Einzelner ist, wenn innerhalb weniger Jahre über ganz Europa weg von Barcelona bis Moskau die expressionistische Welle geht, das scheint mir klar. Die plötzliche Abneigung der gesamten Jugend gegen das, was sie jetzt mit feindlicher Betonung ›Impressionismus‹ nennen, teile ich nicht, ich habe nach wie vor Corot und Renoir überaus lieb. Aber ich verstehe diese Abneigung sehr gut. Der Impressionismus hat ein Stück der Malerei zu hoher Entfaltung gebracht, er hat in der Delikatesse und zarten Nuancierung des Malens eine raffinierte Hochkultur gebracht, gegen die sich die Jugend plötzlich wendete, weil ihr das zu einseitig war, weil sie neue Töne hören wollte, weil sie auf jene Art ihre eigenen

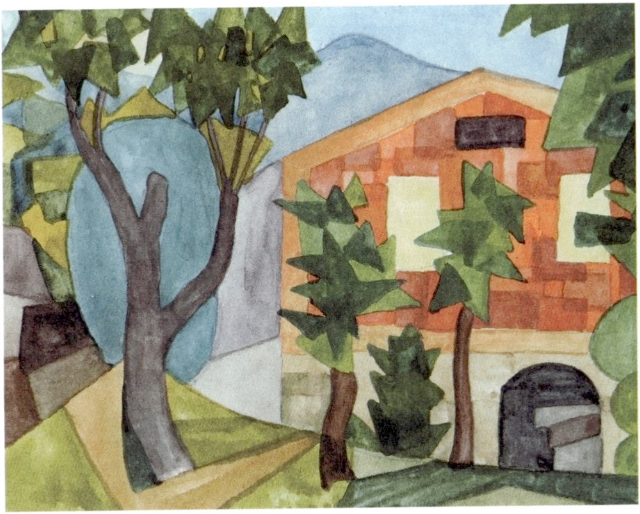

Gefühle und Nöte nicht ausdrücken konnte. Dadurch verliert kein einziges gutes Werk der vorigen Generation seinen Wert, und das revolutionäre Geschrei bei einem Teil der Jugend muß man nicht allzu ernst nehmen. Ernst daran ist nur das tiefe Bedürfnis, für neue Sorgen, neue Emotionen auch neue Ausdrücke zu finden.

Aus einem Brief vom 7. 11. 1919 an Helene Welti

Er öffnete das Skizzenbuch, das kleine, sein liebstes, und suchte die letzten Blätter, die von gestern und heut, auf. Da war der Bergkegel mit den tiefen Felsenschatten; er hatte ihn ganz nahe an ein Fratzengesicht heran modelliert, er schien zu schreien, der Berg, vor Schmerz zu klaffen. Da war der kleine Steinbrunnen, halbrund im Berghang, der gemauerte Bogen, schwarz mit Schatten gefüllt, ein blühender Granatbaum drüber blutig glühend. Alles nur für ihn zu lesen, nur Geheimschrift für ihn selbst, eilige gierige Notiz des Augenblicks, rasch herangerissene Erinnerung an jeden Augenblick, in dem Natur und Herz neu und laut zusammenklangen. Und jetzt die größern Farbskizzen, weiße Blätter mit leuchtenden Farbflächen in Wasserfarben: die rote Villa im Gehölz, feurig glühend wie ein Rubin auf grünem Sammet, und die eiserne Brükke bei Castiglia, rot auf blaugrünem Berg, der violette Damm daneben, die rosige Straße. Weiter: der Schlot der Ziegelei, rote Rakete vor kühlhellem Baumgrün, blauer Wegweiser, hellvioletter Himmel mit der dicken wie gewalzten Wolke. Dies Blatt war gut, das konnte bleiben. Um die Stalleinfahrt war es schade, das Rotbraun vor dem stählernen Himmel war richtig, das sprach und klang; aber es war nur halb fertig, die Sonne hatte ihm aufs Blatt geschienen und wahnsinnige Augenschmerzen gemacht. Er hatte nachher lange das Gesicht in einem Bach gebadet. Nun, das Braunrot vor dem bösen metallenen Blau war da, das war gut, das war um keine kleine Tönung, um keine kleinste Schwingung gefälscht oder mißglückt. Ohne caput mortuum hätte man das nicht herausbekommen. Hier, auf diesem Gebiet, lagen die Geheimnisse. Die Formen der Natur, ihr Oben und Unten, ihr Dick und Dünn konnte verschoben werden, man konnte auf alle die biederen Mittel verzichten, mit denen die Natur nachgeahmt wird. Auch die Farben konnte man fälschen, gewiß, man konnte sie steigern, dämpfen, übersetzen, auf hundert Arten. Aber wenn man mit Farbe ein Stück Natur umdichten wollte, so kam es darauf an, daß die paar Farben genau, haargenau im gleichen Verhältnis, in der gleichen Spannung zueinander standen wie in der Natur. Hier blieb man abhängig, hier blieb man Naturalist, einstweilen, auch wenn man statt Grau Orange und statt Schwarz Krapplack nahm.

Aus ›Klingsors letzter Sommer‹,
geschrieben im Sommer 1919

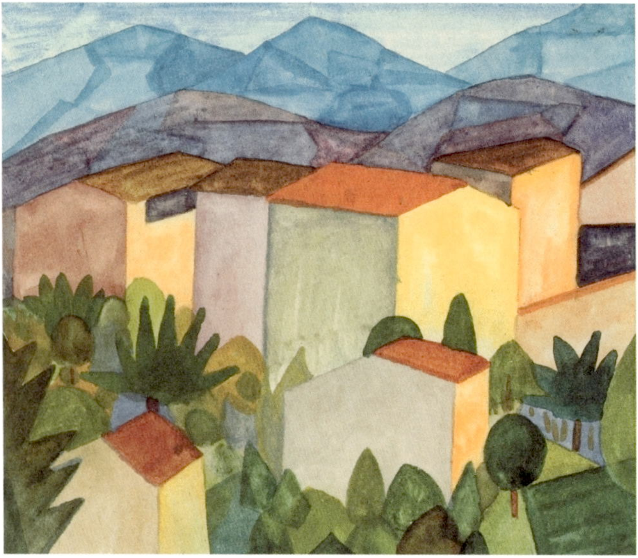

Sie werden sehen, daß zwischen meiner Malerei und Dichtung keine Diskrepanz herrscht, daß ich auch hier nicht der naturalistischen, sondern der poetischen Wahrheit nachgehe.

Aus einem Brief vom 13. 1. 1920 an die ›National-Zeitung‹, Basel, anläßlich einer Ausstellung eigener Aquarelle in Basel

Das Produzieren mit Feder und Pinsel ist für mich der Wein, dessen Rausch das Leben so weit wärmt und hübsch macht, daß es zu tragen ist.

Aus einem Brief vom 21. 12. 1920 an Franz Karl Ginzkey

Eines Tages entdeckte ich eine ganz neue Freude. Ich fing, schon vierzig Jahre alt, plötzlich an zu malen. Nicht daß ich mich für einen Maler hielte oder einer werden wollte. Aber das Malen ist wunderschön, es macht einen froher und duldsamer. Man hat nachher nicht wie beim Schreiben schwarze Finger, sondern rote und blaue. Auch über diese Malerei ärgern sich viele meiner Freunde. Darin habe ich wenig Glück – immer, wenn ich etwas recht Notwendiges, Glückliches und Hübsches unternehme, werden die Leute unangenehm. Sie möchten gerne, daß man bleibt, was man war, daß man sein Gesicht nicht ändert. Aber mein Gesicht weigert sich, es will sich häufig ändern, es ist ihm Bedürfnis. Ein anderer Vorwurf, den man mir macht, scheint mir selber sehr richtig. Man spricht mir den Sinn für die Wirklichkeit ab. Sowohl die Dichtungen, die ich dichte, wie die Bildchen, die ich male, entsprechen nicht der Wirklichkeit. Wenn ich dichte, so vergesse ich häufig alle Anforderungen, welche gebildete Leser an ein richtiges Buch stellen, und vor allem fehlt mir in der Tat die Achtung vor der Wirklichkeit. Ich finde, die Wirklichkeit ist das, worum man sich am allerwenigsten zu kümmern braucht, denn sie ist, lästig genug, ja immerzu vorhanden, während schönere und nötigere Dinge unsre Aufmerksamkeit und Sorge fordern. Die Wirklichkeit ist das, womit man unter gar keinen Umständen zufrieden sein, was man unter gar keinen Umständen anbeten und verehren darf, denn sie ist der Zufall, der Abfall des Lebens. Und sie ist, diese schäbige, stets enttäuschende und öde Wirklichkeit, auf keine andre Weise zu ändern, als indem wir sie leugnen, indem wir zeigen, daß wir stärker sind als sie. In meinen Dichtungen vermißt man häufig die übliche Achtung vor der Wirklichkeit, und wenn ich male, dann haben die Bäume Gesichter, und die Häuser lachen oder tanzen, oder weinen, aber ob der Baum ein Birnbaum oder eine Kastanie ist, das kann man meistens nicht erkennen. Diesen Vorwurf muß ich hinnehmen. Ich gestehe, daß auch mein eigenes Leben mir sehr häufig genau wie ein Märchen vorkommt, oft sehe und fühle ich die Außenwelt mit meinem Innern in einem Zusammenhang und Einklang, den ich magisch nennen muß.

Aus dem ›Kurzgefaßten Lebenslauf‹, geschrieben 1921

Ich liebe die schöne Natur, die Wälder, Reben und Dörfer hier so sehr, daß ich sie immer wieder malen muß, bin auch ein klein wenig weiter gekommen. Aber es bleibt bis jetzt bei ganz einfachen landschaftlichen Motiven, weiter scheine ich nicht mehr zu kommen. Wie schön das andere alles ist, Lüfte und Tiere, bewegtes Leben, und gar das Schönste, die Menschen, das sehe ich wohl, oft ergriffen und fast bestürzt, aber malen kann ich es nicht.

Aus einem Brief vom 4. 7. 1922 an Cuno Amiet

Seit Jahren bin auch ich mit Zeichnen und Malen beschäftigt, mein Ausweg, um in bittersten Zeiten das Leben ertragen zu können und um Distanz von der Literatur zu gewinnen.

Aus einem Brief vom 5. 6. 1924 an Rolf Schott

Ich habe in diesen Jahren, seit ich mich mit dem Malen beschäftigte, zur Literatur allmählich eine Distanz bekommen, die ich nicht hoch genug einschätzen kann, und zu der ich keinen andern Weg gewußt hätte. Ob dann nebenbei das Gemalte selbst noch irgendeinen Wert hat oder nicht, kommt kaum in Betracht. In der Kunst spielt ja die Zeit, umgekehrt wie in der Industrie, gar keine Rolle, es gibt da keine verlorene Zeit, wenn nur am Ende das Mögliche an Intensität und Vervollkommnung erreicht wird. Als Dichter wäre ich ohne das Malen nicht so weit gekommen.

Aus einem Brief vom 5. 6. 1924 an Georg Reinhart

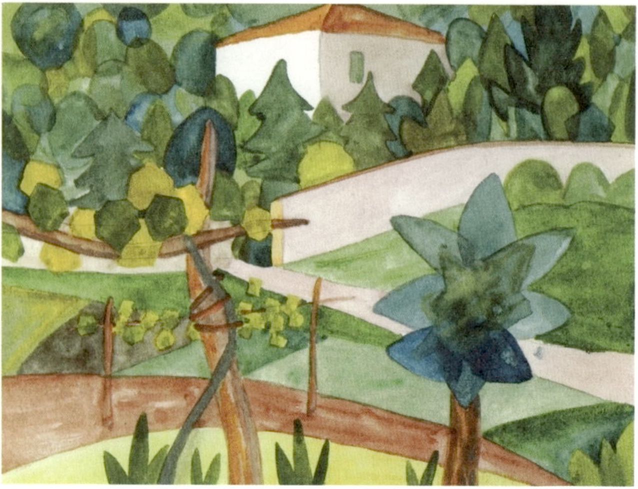

Der Leser mag sehr darüber lachen, für uns Schreibende aber ist das Schreiben immer wieder eine tolle, erregende Sache, eine Fahrt in kleinstem Kahn auf hoher See, ein einsamer Flug durchs All. Während man ein einzelnes Wort sucht, unter drei sich anbietenden Worten wählt, zugleich den ganzen Satz, an dem man baut, im Gefühl und Ohr zu behalten – während man den Satz schmiedet, während man die gewählte Konstruktion ausführt und die Schrauben des Gerüstes anzieht, zugleich den Ton und die Proportionen des ganzen Kapitels, des ganzen Buches irgendwie auf geheimnisvolle Weise stets im Gefühl gegenwärtig zu haben, das ist eine aufregende Tätigkeit. Ich kenne eine ähnliche Gespanntheit und Konzentration aus eigener Erfahrung nur noch bei der Tätigkeit des Malens. Da ist es ganz ebenso: jede einzelne Farbe zur Nachbarfarbe richtig und sorgfältig abzustimmen, ist hübsch und leicht, man kann das lernen und alsdann beliebig oft praktizieren. Darüber hinaus aber beständig die sämtlichen Teile des Bildes, auch die noch gar nicht gemalten und sichtbaren, wirklich gegenwärtig zu haben und mit zu berücksichtigen, das ganze vielmaschige Netz sich kreuzender Schwingungen zu empfinden, das ist erstaunlich schwer und glückt nur selten.

Aus dem ›Kurgast‹, geschrieben 1924

Wenn ich meine Bildchen male, ist es, wie Sie sagen, kein Können, sondern ein Dürfen, und wahrscheinlich ist es ein großes Glück, mit Farben spielen und das Loblied der Natur singen zu dürfen. Nur brauche ich das Wort ›Glück‹ nicht gern, da mein Leben allzu exponiert und abseitig ist, um dafür Platz zu haben. Aber es ist so, daß ich längst nicht mehr leben würde, wenn nicht in der schwersten Zeit meines Lebens die ersten Malversuche mich getröstet und gerettet hätten.

Aus einem Brief vom 12. 9. 1925 an Ina Seidel

Vor einigen Tagen wurde ich von der Berliner Akademie der Künstler zum Mitglied gewählt, aber leider nicht in der Abteilung Malerei, sondern in der Abteilung der Dichtkunst. Ich konnte aber die Wahl nicht annehmen, da ich ja nicht mehr Deutscher bin. Der Berliner Brief war unterzeichnet vom Präsidenten der Akademie, dem alten Maler Max Liebermann.

Aus einem Brief vom 5. 11. 1926 an seinen Sohn Bruno

Wenn Du mit mir im Tessin malst, und wir beide das gleiche Motiv malen, so malt jeder von uns nicht so sehr das Stückchen Landschaft, als vielmehr seine eigene Liebe zur Natur, und von dem gleichen Motiv macht jeder etwas anderes, etwas Einmaliges. Und sogar wenn wir zuzeiten nichts anderes empfinden und sagen können als unsre Trauer und das Gefühl unsres Ungenügens, so hat doch

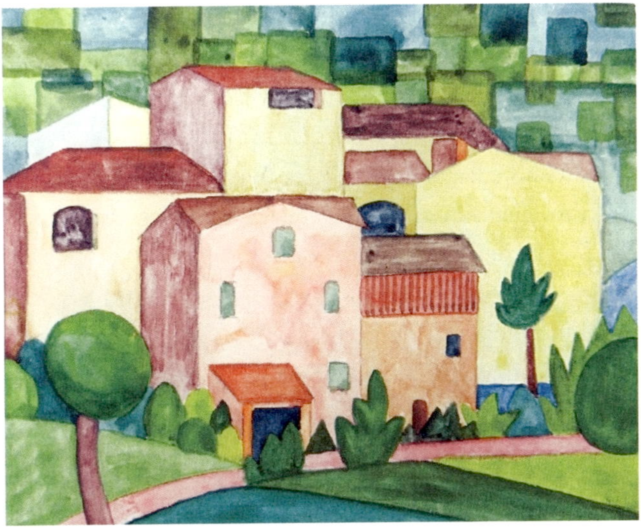

auch das seinen Wert. Noch das traurigste Verzweiflungsgedicht, etwa von Lenau, hat außer der Verzweiflung auch noch einen süßen Kern. Und wie viele Maler, die für Stümper oder für Barbaren in der Kunst galten, erwiesen sich nachher als edle Kämpfer, deren Werke den Nachfolgern oft tröstlicher sind und inniger geliebt werden als die größten Werke der klassischen Könner.

So, lieber Sohn, sind auch wir beide, Du und ich, Mitarbeiter an einem Werk, das so alt ist wie die Welt, und wir müssen und dürfen daran glauben, daß Gott auch mit jedem von uns etwas gemeint und beabsichtigt hat, was wir selber gar nie ganz erkennen, nur manchmal ahnen können.

Aus einem Brief vom 7. 1. 1928 an seinen Sohn Bruno

Wenn ich nicht im Grunde ein sehr arbeitsamer Mensch wäre, wie wäre ich je auf die Idee gekommen, Loblieder und Theorien des Müßiggangs auszudenken? Die geborenen, die genialen Müßiggänger tun dergleichen bekanntlich niemals.

Zur Zeit, das heißt seit vorgestern, sitze ich wieder einmal über einem Bildermanuskript. Du weißt, daß dies mir stets die liebste Arbeit ist, und daß ich am liebsten die Hälfte meiner Tage über solchen schönen, träumerischen, spielerischen Arbeiten verbringen würde. Aber schau, es gibt nicht so viele reiche Leute, wie man glauben sollte. Heutzutage kommt jeder Hungerleider so schick daher, daß man ihn für einen Kommerzienrat halten möchte; aber von all den Tausenden, die sich vier- bis fünfmal im Jahre einen Anzug schneidern lassen, sind kaum ein halbes Dutzend wirklich so reich und so auf das Schöne und Aparte versessen, daß sie auf die Idee kommen, nicht nur ein paar Zeitschriften zu abonnieren und sich etwa einen Papagei und ein paar Zierfische zu halten, sondern auch bei einem Dichter eigenhändige Gedichthandschriften mit eigenhändigen, farbigen Bildchen zu bestellen. Nein, sehr wenige kommen auf solche Ideen, die meisten reichen Leute kommen überhaupt nie auf Ideen.

Aber da ist also wieder einer gekommen, ein äußerst sympathischer Herr, der hat von meinen Handschriften und Malereien gehört, und hat ein Heft mit zwölf handgeschriebenen Gedichten samt farbigen Zeichnungen dazu bestellt. Ich bin also für einige Tage nicht Müßiggänger, sondern Angestellter, mit einem Auftrag Beehrter, und fühle mich entsprechend. Wäre ich nicht von diesem Stolz erfüllt, wäre ich nicht auf Grund dieser Bestellung glücklich, so hätte ich natürlich auch die übrigen Glücksfälle dieser Tage nicht erlebt, sie kommen immer nur zu dem, der den Magneten in der Tasche hat. Dann hätte ich weder den blauen Astrild aus Afrika sprechen hören, noch würde heute abend Freund Andreä die g-Moll-Sinfonie aufführen.

Ich sitze also, heut wie gestern, einige Stunden an dem Dir bekannten Schreibtisch, habe die kleine Aquarellpalette neben mir und das Glas Wasser, suche aus meinen Mappen die Gedichte heraus, die mir gerade heute am besten gefallen, und male zu jedem ein Bildchen. Zwei Tessiner Landschäftchen habe ich heut schon gemalt, eins mit einem kahlen Baum und einem Vogelturm im Frühling, und eins mit dem Monte San Giorgio im Hintergrund. Und jetzt will ich ein neues Blatt vornehmen, darauf denke ich einen Blumenkranz zu malen, in allen Farben, die meine Palette hat, aber das Blau wird vorwiegen. Die Blumen nehme ich teils aus dem Gedächtnis, teils erfinde ich neue. Übrigens habe ich einmal, vor Jahren, eine Blume erfunden, die es tatsächlich gibt. Es war für meine damalige Geliebte (noch in der Zeit vor Deinem Mondaufgang), und ich gab mir Mühe, eine hübsche und aparte Blume zu erfinden. Ein paar Tage später sah ich dann die gleiche Blume bei einem Blumenhändler, sie hieß Gloxinie, ein etwas anspruchsvoller und gewissermaßen gloxiger Name – aber es war genau die Blume, die ich mir ausgedacht hatte.

Aus einem Brief vom April 1928 an seine Frau Ninon

Ich sende Ihnen hier zur Erwiderung Ihres Grußes ein Bildchen, das ich dieser Tage aufs Papier gemalt habe (das Zeichnen und Malen ist meine Art von Ausruhen), das Bildchen soll Ihnen sagen, daß die Unschuld der Natur, das Schwingen von ein paar Farben, auch inmitten eines schweren und problematischen Lebens, zu jeder

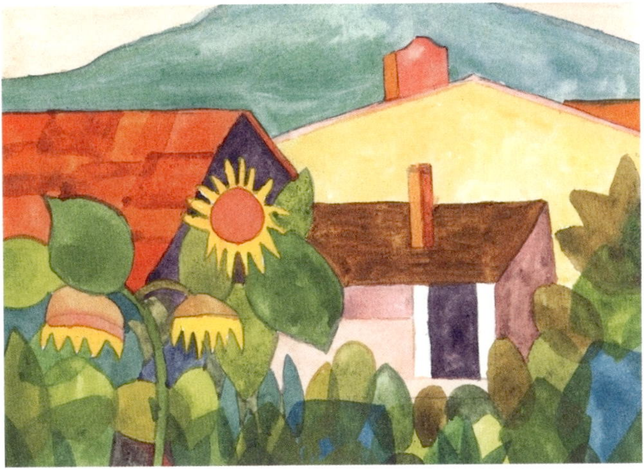

Stunde wieder Glauben und Freiheit in uns schaffen kann.

Aus einem Brief vom 21. 7. 1930 an eine Studentin

Trotz der drückenden Wärme dieser Tage bin ich viel draußen. Ich weiß allzu gut, wie flüchtig diese Schönheit ist, wie schnell sie Abschied nimmt, wie plötzlich ihre süße Reife sich zu Tod und Welke wandeln kann. Und ich bin so geizig, so habgierig dieser Spätsommerschönheit gegenüber! Ich möchte nicht nur alles sehen, alles fühlen, alles riechen und schmecken, was diese Sommerfülle meinen Sinnen zu schmecken anbietet; ich möchte es, rastlos und von plötzlicher Besitzlust ergriffen, auch aufbewahren und mit in den Winter, in die kommenden Tage und Jahre, in das Alter nehmen. Ich bin sonst nicht eben eifrig im Besitzen, ich trenne mich leicht und gebe leicht weg, aber jetzt plagt mich ein Eifer des Festhaltenwollens, über den ich zuweilen selber lächeln muß. Im Garten, auf der Terrasse, auf dem Türmchen unter der Wetterfahne setze ich mich Tag für Tag stundenlang fest, plötzlich unheimlich fleißig geworden, und mit Bleistift und Feder, mit Pinsel und Farben versuche ich dies und jenes von dem blühenden und schwindenden Reichtum beiseite zu bringen. Ich zeichne mühsam die morgendlichen Schatten auf der Gartentreppe nach und die Windungen der dicken Glyzinienschlangen und versuche, die fernen gläsernen Farben der Abendberge nachzuahmen, die so dünn wie ein Hauch und doch so strahlend wie Juwelen sind. Müde komme ich dann nach Hause, sehr müde, und wenn ich am Abend meine Blätter in die Mappe lege, macht es mich beinahe traurig zu sehen, wie wenig von allem ich mir notieren und aufbewahren konnte.

Aus ›Zwischen Sommer und Herbst‹ in
›Berliner Tageblatt‹ vom 4. 9. 1930

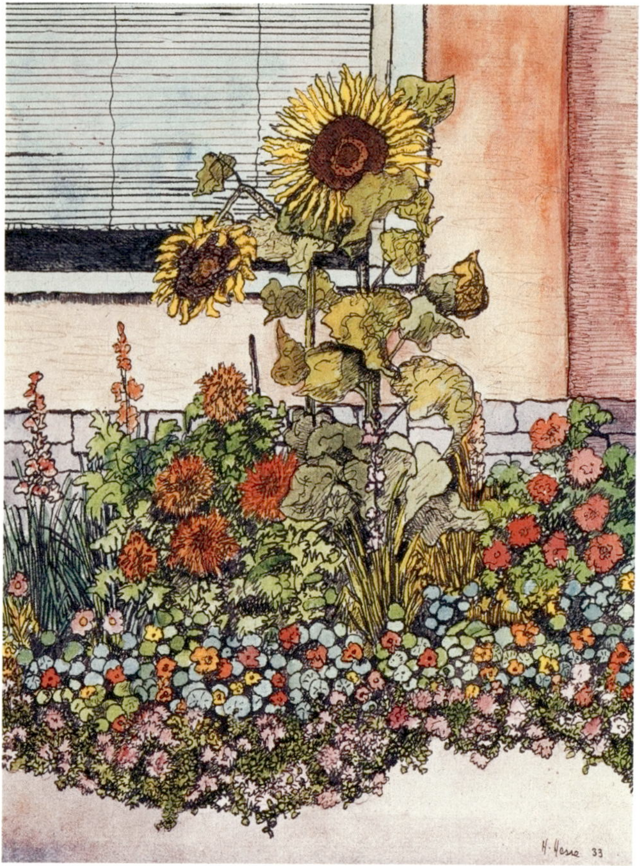
H. Hesse 33

NACHTS IM APRIL NOTIERT

O daß es Farben gibt:
Blau, Gelb, Weiß, Rot und Grün!

O daß es Töne gibt:
Sopran, Baß, Horn, Oboe!

O daß es Sprache gibt:
Vokabeln, Verse, Reime,
Zärtlichkeiten des Anklangs,
Marsch und Tänze der Syntax!

Wer ihre Spiele spielte,
Wer ihre Zauber schmeckte,
Ihm blüht die Welt,
Ihm lacht sie und weist ihm
Ihr Herz, ihren Sinn.

Was du liebtest und erstrebtest,
Was du träumtest und erlebtest,
Ist dir noch gewiß,
Ob es Wonne oder Leid war?
Gis und As, Es oder Dis –
Sind dem Ohr sie unterscheidbar?

NACHWORT

»Für mich«, schrieb Hesse im Alter von achtzig Jahren an einen Leser in Liverpool, »sind die beiden schönsten Dinge, die ein Mensch betreiben kann, das Musizieren und Malen. Ich habe beides nur als Dilettant betreiben können, aber es hat mir sehr bei der schwierigen Aufgabe geholfen, das Leben zu bestehen.« Im Gegensatz zum Musizieren – Hesse nahm bereits im Alter von elf Jahren Violinunterricht, wirkte im Maulbronner Schülerorchester mit und spielte damals etwa acht Jahre lang, später aber nur noch sporadisch die Geige – hat er sich die Malerei völlig autodidaktisch und erst etwa drei Jahrzehnte später erschlossen. Mit den ersten systematischen Versuchen zu zeichnen, begann er zum scheinbar unmöglichsten Zeitpunkt, nämlich mitten im Ersten Weltkrieg, in einem Augenblick größter Labilität und Gefährdung.

Seit 1912 in Bern lebend, hatte Hesse von dort aus den Beginn des großen Völkermordens verfolgt und seit 1914 vom neutralen Territorium der Schweiz aus versucht, mit mehr als 30 politischen Artikeln und Aufrufen zunächst journalistisch, bald aber auch auf praktische und zupakkende Weise, mit der Gründung einer Zentrale für Kriegsgefangenenfürsorge den Irrsinn des Krieges zu bekämpfen. Zum erstenmal in seinem Leben stand Hesse damals im Kreuzfeuer der politischen Polemik, denunziert als »Nestbeschmutzer«, »Drückeberger« und »vaterlandsloser Gesell«, und dabei inneren Zerreißproben ausgesetzt, die zunächst für ihn, dann aber auch für seine Frau eine langwierige psychiatrische Behandlung unumgänglich machten. Und genau zu diesem Zeitpunkt beginnt Hesse zu malen, mitten im Krieg, auf dem Höhepunkt der äußeren und inneren Zerstörung, um der zersplitternden Destruktion das Konstruktive der Konzentration entgegenzusetzen. »Wenn«, so schreibt er damals, »eine Pflanze geknickt und verletzt wird, oder am Vertrocknen ist, dann sucht sie schnell noch Samen zu bilden ... so habe auch ich mich, als ich spürte, daß mein Leben im Nerv angeschnitten ist, noch einmal auf meine Arbeit zurückgezogen. Das Produzieren mit Feder und Pinsel ist für mich der Wein, dessen Rausch das Leben so weit wärmt, daß es zu ertragen ist.«

Mit welch immensem Fleiß und welcher Hartnäckigkeit sich Hesse in den Jahren 1916–1917 die handwerklichen Fertigkeiten des Malens erarbeitet hat, ist überliefert. In seinem Nachlaß fanden sich Schachteln, dicht gefüllt mit überzähligen Weihnachtspostkarten für die Kriegsgefangenen, auf deren Rückseiten er die Techniken des Bildaufbaus, der Perspektive und der Farbkontrastierung übte: Hunderte linkischer Postkartenmalereien, rührende Zeugnisse dafür, wie langwierig und mühsam für ihn der Weg gewesen sein muß, bis er endlich auch in Bildern annähernd das auszudrücken vermochte, was ihm sprachlich scheinbar so selbstverständlich glückte.

Beim Betrachten dieser frühesten Blätter, Berner und Locarneser Architektur- und Landschaftsmotive, mit liebevoller Pedanterie gestrichelte und in blassen, erdfarbenen Temperatönen colorierte Studien, wird man sich fragen, wie es schon drei Jahre später zu jener fulminanten Wandlung von Hesses Palette kommen konnte, von naturalistisch-pedantischer Zaghaftigkeit zu beinahe expressionistischer Farbintensität und Selbstbewußtheit.

Immer wieder hat Hesse betont, wie eng und notwendig Malerei und Dichtung für ihn zusammenhingen. So auch hier. Seine frühen Bilder sind noch gemalt in der Art, wie die Geschichte des Malers Veraguth in seinem Vorkriegsroman »Roßhalde« erzählt ist, naturalistisch und mit vorsichtiger, ja akribischer Genauigkeit auch der beiläufigsten Details. Dann aber kommt der große Einschnitt: die Krisis des Ersten Weltkriegs, ein extremes Kraftfeld, in dem sich alles neu polarisiert. Detailbesessenheit weicht kühnen Zusammenfassungen und charakteristischen Abstraktionen. Die realistische, nuancierte und zaghaft gebrochene Farbgebung weicht einer programmatisch optimistischen, lebensfrohen und selbstbewußten Palette, wie sie der Maler in Hesses 1919 entstandener Erzählung »Klingsors letzter Sommer« handhabt. Es ist die ungebrochene Palette der jungen Generation, ihre Revolte gegen den dekadenten Spätimpressionismus und konservativen Naturalismus des wilhelminischen Deutschland, deren Lebensgefühl und enthusiastischer Neubeginn in Hesses

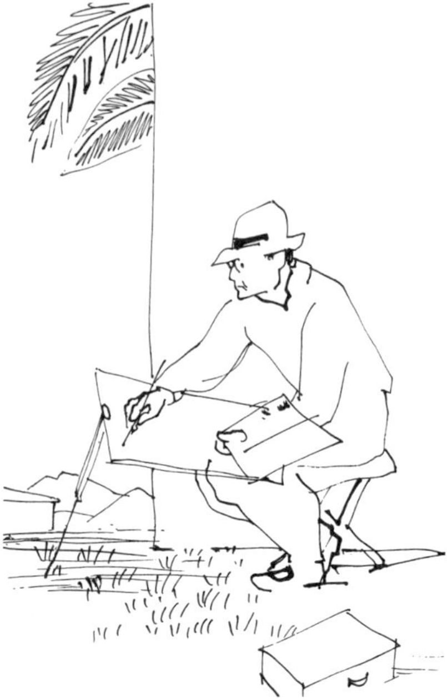

Federzeichnung von Gunter Böhmer.

Klingsor-Erzählung eingefangen ist und dort wohl ihr gültigstes literarisches Psychogramm gefunden hat.

Über seine Arbeitstechnik schreibt Hesse darin: »Die Formen der Natur, ihr Oben und Unten, ihr Dick und Dünn konnten verschoben werden, man konnte auf alle die biederen Mittel verzichten, mit denen die Natur nachgeahmt wird. Auch die Farben konnte man fälschen, gewiß, man konnte sie steigern, dämpfen, übersetzen auf hundert Arten. Aber wenn man mit Farbe ein Stück Natur umdichten wollte, so kam es darauf an, daß die paar Farben genau, haargenau im selben Verhältnis, in der gleichen Spannung zueinanderstanden wie in der Natur. Hier blieb man abhängig, hier blieb man Naturalist einstweilen, auch wenn man statt Grau Orange und statt Schwarz Krapplack nahm.«

In »Louis dem Grausamen«, einer der Hauptfiguren dieser Erzählung, hat Hesse seinen Malerfreund Louis Moilliet portraitiert, diesen Schweizer Kollegen und Freund von Paul Klee, Kandinsky und August Macke, den Moilliet zu der kunstgeschichtlich so folgenreichen gemeinsamen Tunisreise angeregt hatte. Moilliets Bilder und diejenigen von August Macke sind es denn auch, die – wenn schon einmal kunsthistorisch etikettiert und verglichen werden soll – in ihrer farbigen Leuchtkraft Hesses eigenen malerischen Intentionen am nächsten stehen. Sichtbar wird das vor allem in seinen Aquarellen aus den zwanziger Jahren, und noch im hohen Alter schreibt Hesse in Briefen: »Aquarelle von August Macke sind für mich stets der Inbegriff von Aquarellmalerei gewesen ... Ich besitze die meisten Macke-Reproduktionen. Er ist für mich neben Moilliet der liebste Aquarellist.«

Aber nicht nur zur Künstlergruppe des »Blauen Reiter« hatte Hesse über Louis Moilliet eine Verbindung, sondern auch zu dem zweiten wegweisenden Schrittmacher expressionistischer Malerei, zur Künstlervereinigung »Die

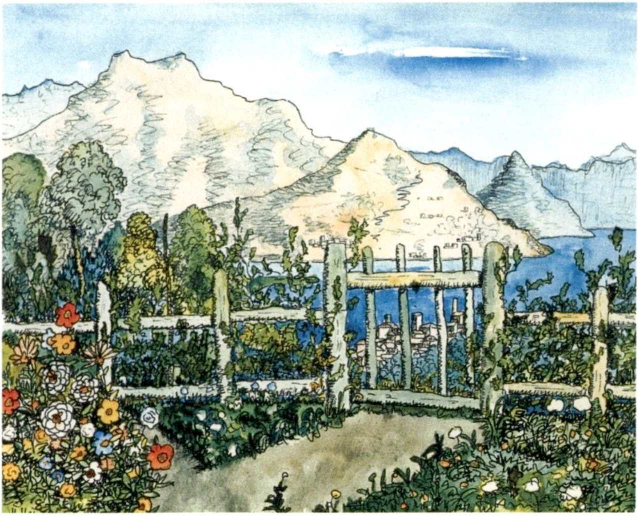

Brücke«. Ihr nämlich gehörte der andere bedeutende expressionistische Maler der Schweiz an, Cuno Amiet, auch er ein naher Freund Hermann Hesses und überdies Pflegevater und Lehrer seines ältesten Sohnes Bruno, nachdem Hesses erste Ehe gescheitert war und seine Frau Mia bis 1925 in verschiedenen Nervenheilanstalten interniert leben mußte.

Wer einen Blick auf Hermann Hesses näheren Freundeskreis wirft, dem fällt auf, daß für ihn der Umgang mit Vertretern von Kunstgattungen, die er selber nicht ausübte, offenbar mehr Reiz gehabt haben muß als der mit Schriftstellerkollegen. Schon lange bevor Hesse selbst zu malen begann, war er außer mit Musikern und Komponisten vor allem mit zahlreichen Malern befreundet. Jedoch wäre es unvorsichtig, aus dem Malstil eines dieser Malerfreunde einen unmittelbaren Einfluß auf Hesses eigene Bilder nachweisen zu wollen. Er hat weder von Ernst Würtenberger, Albert Welti, Hans Sturzenegger oder Ernst Kreidolf, den Vertretern einer eher konservativen Maltradition, noch von Olaf Gulbransson, den Expressionisten Karl Hofer, Cuno Amiet, Louis Moilliet, Hans Purrmann, geschweige denn von Alfred Kubin, Gunter Böhmer oder Ernst Morgenthaler »gelernt«, sondern bald schon eine unverkennbar eigene bildnerische Handschrift entwickelt, die allenfalls im Expressionismus Parallelen findet. Selbstzeugnisse wie das Bekenntnis: »Es ist so, daß ich längst nicht mehr leben würde, wenn nicht in den schwersten

Zeiten meines Lebens die ersten Malversuche mich getröstet und gerettet hätten« (in einem Brief vom September 1925 an Ina Seidel), zeigen die geradezu existentielle Notwendigkeit, die das Malen für Hesse bekommen hatte, und unterscheiden seinen Antrieb zu malen von dem des Hobbymalers und Dilettanten. Gleichwohl hat sich Hesse, mit dem ihm eigenen Understatement, immer wieder als solchen bezeichnet.

Das Eigenständige und Unverkennbare an Hesses Malerei ist die enge Wechselwirkung zwischen der Abstraktion, Farbigkeit und Musikalität seiner Bilder mit denselben Komponenten in seiner Lyrik und Prosa. »Sie werden sehen«, schreibt er im Januar 1920 anläßlich der ersten öffentlichen Ausstellung seiner Aquarelle in der Basler Kunsthalle, »daß zwischen meiner Malerei und Dichtung keine Diskrepanz herrscht, daß ich auch hier nicht der naturalistischen, sondern der poetischen Wahrheit nachgehe.« In seinen Dichtungen und Bildern vermittelt Hesse nicht ein Abbild der Wirklichkeit, sondern ihr Sinnbild. Inmitten einer zweckbesessenen und argwöhnisch parzellierten Welt entwirft er ein positives Korrektiv, eine alternative Utopie: »Geist regiert, der alles Kranke heilt«, heißt es in der letzten Strophe seines Gedichtes »Malerfreude«, »Grün klingt auf aus neugeborener Quelle / Neu und sinnvoll wird die Welt verteilt / Und im Herzen wird es froh und helle.« Hesse ist ein Augenmensch. Die Sensibilität seiner Wahrnehmung, der wir Naturbeschreibungen von einer Anschaulichkeit verdanken, die so suggestiv ist, daß uns beim Lesen oft »heiß und kühl und müde ums Herz wird« (Kurt Tucholsky), kommt auch seiner Malerei zugute. Auf Schritt und Tritt stößt er auf »Bilder, die unbedingt gemalt werden müssen«, weil »die Musik ihrer Farben, das Spiel der Töne, die Stufenfolge der Helligkeiten und Schatten zu keiner Stunde dieselben sind«. Er nützt die Effekte des Föhns, »wenn man in einem kilometerweit entfernten Dorf die Fenster zählen kann«, und ist zur Stelle, wenn der senkrechte Sonnenstand der Mittagszeit das Häusergeschachtel seines Dorfes in ein Licht getaucht hat, daß die Farben geradezu »jauchzen, einander reizen und steigern«. Er liebt die magische Leuchtkraft der Spätsommersonne, die den Seetälern, Rebhängen, Dörfern, Gärten und Hohlziegeldächern seiner Tessiner Wahlheimat eine Plastizität verleiht wie zu keiner anderen Jahreszeit. Mit jägerhafter Anspannung und Beharrlichkeit spürt er sie auf, diese flüchtigen Augenblicke idealen Zusammenklangs, versucht sie einzufangen und festzuhalten, zielt – wie sein Maler »Klingsor« – mit Wort und Farbe nach dem Tod, um der Vergänglichkeit und dem Vergessenwerden soviel wie irgend erreichbar abzujagen.

Zwar sind Hesses sprachliche Ausdrucksmöglichkeiten ungleich vielseitiger und nuancierter als seine bildnerischen (man vergleiche z. B. die Schilderung eines Zinnien- oder Magnolienstraußes S. 36ff bzw. S. 42ff mit seiner malerischen Gestaltung), aber Anliegen und Aussage sind hier wie dort dieselben. Die positive Tendenz der Zuversicht und Heiterkeit, die sich in Hesses Büchern erst nach langwierigen, krisenhaften Entwicklungen herauskristallisiert und mit Chiffren wie das »Lachen der Unsterblichen« (im »Steppenwolf«) oder »Die goldene Spur« (in »Narziß und Goldmund«) bezeichnet wird, liegt in seinen Aquarellen bereits augenfällig zu Tage.

Hesses Bilder machen Ernst mit der Gewinnung von Sonnenenergie. Sie haben die Sonne gekeltert und sublimiert wie ein guter Wein, sie sind Licht-, Wärme- und Sonnenkollektoren, die in unsere kühlen, griesgrämig bedeckten und problematischen Ballungszentren eine Ahnung von Sommer, Hoffnung und Lebensfreude zurückstrahlen, ein Strauß von Farben und Zuversicht. So auch wollte er seine Malversuche verstanden wissen. Das zeigt seine Antwort auf einen der vielen tausend problemgeladenen Leserbriefe, die seine Bücher ihm einbrachten: »Ich sende Ihnen hier«, schreibt er im Juli 1930 an eine Studentin in Duisburg, »zur Erwiderung Ihres Grußes ein Bildchen, das ich dieser Tage gemalt habe – denn das Zeichnen und Malen ist meine Art von Ausruhen –. Das Bildchen soll Ihnen zeigen, daß die Unschuld der Natur, das Schwingen von ein paar Farben auch inmitten eines schweren und problematischen Lebens zu jeder Stunde wieder Glauben und Freiheit in uns schaffen kann.«

Bei dieser Verwandtschaft von poetischer und bildhafter Aussage lag es nahe, beide Elemente auch miteinander zu verbinden. Schon im Ersten Weltkrieg, kaum daß Hesses handwerkliche Fertigkeiten ausgereift waren, hat er Experimente in dieser Richtung unternommen und das erste literarische Ergebnis seiner Luzerner Psychoanalyse, das Märchen »Der schwere Weg«, zu illustrieren versucht. Als ein Jahr später, mit den ersten Niederlagen Deutschlands die Geldmittel für die Kriegsgefangenenfürsorge immer schwieriger aufzutreiben waren, begann Hesse auf Anraten eines Freundes, illustrierte Handschriften und Typoskripte von Gedichtzyklen herzustellen, die er Liebhabern, Sammlern und seinen Mäzenen zum Kauf anbot, um durch den Erlös die Finanzierung der vielen tausend Bücher- und Hilfspakete in die Kriegsgefangenenlager sicherzustellen. Diese Bildermanuskripte bestanden in der Regel aus 13 Doppelblättern aus Büttenpapier und waren – abgesehen vom Motiv auf dem Titelblatt – mit 12 Gedichten und ebenso vielen kleinformatigen Aquarellen geschmückt. »Bei den Gedichten, die ich mit Bildchen versehe«, schrieb Hesse in einem Brief, »besteht die Einheit zwischen Wort und Bild nicht darin, daß das Bild die Inhalte des Gedichts andeuten würde, sondern nur in der Identität von Autor und Maler, in der Herkunft von Wort und Bild aus der gleichen Landschaft und Werkstatt, der gleichen Handschrift.«

Für Exemplare mit handgeschriebenen Gedichten erlöste er damals 250 Schweizer Franken, maschinengeschriebene waren 50 Franken billiger. Eine erhalten gebliebene

Verkaufsliste verzeichnet 64 Bestellungen solcher Bildermanuskripte für den Zeitraum von 1918 bis 1921. Doch auch nach dem Ersten Weltkrieg und nach der Inflation, einer Periode, in der Hesse so verarmt war, daß er seinen eigenen Lebensunterhalt teilweise vom Malen bestreiten mußte, hat er bis ins hohe Alter immer wieder solche Bildermanuskripte angefertigt, um bedürftige Kollegen unterstützen, jungen Menschen Ausbildung und Studium ermöglichen und überall dort helfen zu können, wo es ihm sinnvoll und notwendig erschien. Wie wenig allerdings diese Einkünfte ausreichten zur Linderung der Not, mit welcher Hesse in Hunderten von Briefen tagtäglich konfrontiert wurde, zeigt ein ironischer Brief vom April 1928. Dort heißt es: »Von all den Tausenden, die sich vier- bis fünfmal im Jahr einen feinen Anzug schneidern lassen und sich mit Fachmännern lang über die Neulakkierung ihres Autos beraten, ist kaum ein halbes Dutzend wirklich so reich, daß sie auf die Idee kommen … bei einem Dichter eigenhändige Gedichthandschriften zu bestellen. Zur Zeit der Perserkönige und der großen indischen Mogule haben reiche und mächtige Leute überhaupt nichts anderes getan, als Handschriften malender Dichter gesammelt. Die Reichen von heute sind entartet, selten kommt einer auf irgendeine nette und freundliche Idee, die meisten kommen überhaupt nie auf Ideen.« Und noch im Alter von 81 Jahren schreibt er an Peter Suhrkamp, es sei ihm aufgefallen, »daß in dem Deutschland des Wirtschaftswunders, das nach allen Seiten steuerflüchtiges Geld für Kulturelles wegwirft, so gut wie niemals jemand auf die Idee kommt, solch ein Manuskript bei mir zu bestellen, obwohl die Existenz dieser Handschriften nicht unbekannt ist«. Aus der Schweiz kamen jährlich immerhin etwa sechs solcher Bestellungen, aus ganz Deutschland aber höchstens eine oder zwei. Für die Überlebensfähigkeit von Hesses malerischen Arbeiten gab es bis in die sechziger Jahre hinein offenbar noch kein Bewußtsein, was natürlich auch mit seiner damaligen literarischen Einstufung zusammenhing. Daß man Hesses Bildmanuskripte, sofern sie überhaupt noch angeboten werden, heute im Autographenhandel auf mehr als das Zehnfache ihres ursprünglichen Preises taxiert, hat das Qualitätsgespür unserer Wertpapierspekulanten offenbar ebenso überfordert wie die Gründe für Hesses postume Renaissance die Makler unseres Kulturbetriebs.

In diesen Bildmanuskripten seiner Gedichte und des Märchens »Piktors Verwandlungen« ebenso wie in den vielen größerformatigen Aquarellen (24 x 29 cm), die Hesse freilich niemals öffentlich zum Kauf angeboten hat, und nicht zuletzt in den unzähligen Kleinaquarellen am Kopf seiner Briefe sind deutlich mehrere Entwicklungsphasen zu unterscheiden. Auf die etwas unbeholfenen, sichtlich noch um die Beherrschung der Maltechnik bemühten Anfänge der Jahre 1916-1920, deren Spuren auch noch in Hesses »Wanderung« zu erkennen sind, seiner ersten mit eigenen

Bildern illustrierten Buchpublikation, folgt eine Phase zunehmender Farbintensität und zeichnerischer Abstraktion, wie sie sich in den »Gedichten des Malers« (1920 in einer limitierten Auflage von tausend Exemplaren erschienen) darstellt. Ein Jahr später, in den großformatig reproduzierten »Elf Aquarellen aus dem Tessin«, beobachten wir eine Fortsetzung dieser Entwicklung ins Ornamentale und märchenhaft Phantastische. »Freie Paraphrasen zur Erscheinungswelt« nennt Hesse sie, »kindhaft geschaute Ideallandschaften« mit einer Dimension ins Traumhafte.

Die Mehrzahl der in unserem Bändchen reproduzierten Aquarelle Hesses muß man zur nächsten, mit farbigen Mosaikelementen experimentierenden »kubistischen« oder »pointillistischen« Phase seiner bildnerischen Entwicklung zählen. Diese Blätter (im Originalformat ca. 10 x 15 cm) sind einem Aquarellalbum »Tessiner Landschaften« entnommen, das Hesse zu Ostern 1923 seinen Züricher Freunden und Mäzenen Alice und Fritz Leuthold geschenkt hat. Aber auch Arbeiten aus späteren Jahren sind vertreten, Bilder in einer Manier, bei der man sich »ins Kleine verlieren und die Blätter am Baum abzählen kann«, leuchtend kolorierte, minutiöse Federzeichnungen, wie sie für Hesses Malstil während der späten zwanziger und der dreißiger Jahre charakteristisch sind. Auch sie gleichen den Bildern seines Malerprotagonisten »Klingsor«. Es sind »Farbenkonzerte«, jedes wirkt, »trotz aller heftigen Buntheit, still und edel wie ein Teppich«.

Mit zunehmendem Alter tritt die offensive Farbigkeit von Hesses Palette ebenso zurück wie die Detailverliebtheit seiner Tuschfeder. Nicht mehr die Zeichnung gibt seinen »Blättern einen gewissen Reiz«, schreibt er in einem Brief vom 16.5.1962, »sondern nur das Spiel mit den Farben«.

Hesse selbst, so lebensnotwendig das Malen ihm zuzeiten war, hat sich über seine Malerei nicht ausführlich oder systematisch geäußert. Er könne »nichts weniger leiden«, notiert er in einem Brief vom August 1944, »als wenn Dichter oder Dilettanten über irgendeine Kunst, in der sie nur Laien sind, Worte machen«. Dennoch geben die verstreut publizierten Betrachtungen, die in diesem Band in chronologischer Reihenfolge zusammengefaßt wurden, sowie eine Auswahl seiner brieflichen Selbstzeugnisse einen recht guten Eindruck von der Bedeutung, die das Malen für ihn hatte. Es ermöglichte ihm eine regenerierende Distanz von der Kopflastigkeit des literarischen Alltags. Ebenso wie das Wort waren Feder und Pinsel für ihn willkommene Instrumente, um das »scheinbar Unfaßbare dennoch fassen zu können und das ewig Gleitende für einen Augenblick zu belauschen, ihm mit erregten Fingern nachzutasten, um etwas von seinem Schmelz und seiner Magie aufzubewahren.«

Volker Michels

INHALT

4. Auflage 2022. Erstmals 1980 als insel taschenbuch Nr. 482 erschienen. Bezugspapier: Hermann Hesse, *Gartenmauer in Montagnola*, 1919. Gesetzt in der Schrift Adobe Garamond Pro. Gedruckt auf holzfreies, alterungsbeständiges Werkdruckpapier der Firma LENK Paper Schleipen GmbH, Bad Dürkheim, von der Memminger MedienCentrum AG, Memmingen. Gebunden in Fadenheftung von der Josef Spinner Großbuchbinderei GmbH, Ottersweier. Printed in Germany. Erste Auflage 2019.

ISBN 978-3-458-19465-1. www.insel-verlag.de